Florian J. Kerz
Die Dümpelsmühle

Die Dümpelsmühle

Ein Aschaffenburger Anwesen im Wandel der Jahrhunderte

Florian J. Kerz

Re Di Roma-Verlag

Bibliografische Information der Deutschen Nationalbibliothek:
Die Deutsche Nationalbibliothek verzeichnet diese Publikation in der Deutschen Nationalbibliografie; detaillierte bibliografische Daten sind im Internet über http: //dnb.ddb.de abrufbar.

ISBN 978-3-96103-976-0

www.rediroma-verlag.de
26,95 Euro (D)

Wo's Dörflein traut zu Ende geht,
wo's Mühlenrad am Bach sich dreht,
da steht im duft'gen Blütenstrauß
mein liebes, altes Elternhaus.
Dahin, dahin verlangt mit Sehnen.
Ich denke Dein gar oft mit Tränen,
mein Elternhaus, so lieb und traut,
das ich so lang nicht mehr geschaut.

Auszug aus dem Volkslied
„Wo's Dörflein traut zu Ende geht" von Franz Wiedemann

Inhaltsverzeichnis

Vorwort

Am Rande Schweinheims bei Aschaffenburg, eingebettet zwischen Erbig, Stengerts, Elterberg und Haidberg, dort, wo sich mehrere Täler vereinigen und aus denen Dörnbach, Herbigsbach und Hensbach zufließen, liegt das Anwesen Dümpelsmühle. Seine Eintracht mit der Natur, mit der es zu verfließen scheint, erweckt den Eindruck, als stünde die alte Mühle schon seit Anbeginn aller Zeiten dort, als gehöre sie schon immer zum Gailbachtal.

Etwa 180 Jahre im Besitz der Familie Kerz und ihrer Nachkommen, war die Dümpelsmühle in ihrer jüngeren Vergangenheit über viele Jahrzehnte hinweg ein gutgehendes Familienhotel und beliebtes Ausflugslokal. Ihr Name aber zeugt von einer Geschichte, die noch viel weiter in vergangene Jahrhunderte zurückreicht.

Die alte Mühle im Gailbachtal hat Unwetter, Kriege, Irrungen und Wirrungen überdauert und dennoch: es ist nur ein stilles Zeugnis, das die alten Mauern ablegen können.
Umso mehr mag es erstaunen, dass ihr regionalgeschichtliche Veröffentlichungen bislang nur wenig Aufmerksamkeit geschenkt haben. So war es dringlich geboten, ihre Geschichte zu dokumentieren; vor allem auch, solange zwei Jahrhunderte an zusammengetragener Familiengeschichte in Form von Inventar, Fotos, Dokumenten und Urkunden, nicht nur als „Gedächtnis" der Familie Kerz, sondern der Dümpelsmühle überhaupt, noch verfügbar waren.

Der Tod des letzten Familieneigentümers, Herrn Dr. Robert Elfen im August 2019, markiert die wohl weitreichendste Veränderung für die Dümpelsmühle im 21. Jahrhundert.
Gerade weil sie in ihrer bisherigen Form nicht mehr fortbestehen wird und ihre Zukunft ungewiss sein mag, so soll mit diesem Buch der Versuch unternommen werden, ihre Geschichte zu dokumentieren und ihren Weg im Wandel der Jahrhunderte nachzuzeichnen.
Dies war auch das Bestreben von Herrn Dr. Elfen, der, wohl wissend, dass nach seinem Tode eine lange Familientradition ein Ende nehmen würde, dieses Buchprojekt in seinen letzten Lebensjahren initiierte und dessen Wunsch es war, die Geschichte der Dümpelsmühle in Form einer Buchdokumentation zu bewahren. Längst ist das Anwesen nicht nur als Teil einer Familiengeschichte zu begreifen - über Jahrhunderte begleitete es sowohl die Entwicklung Schweinheims, als auch die Aschaffenburgs und war seit jeher eng und untrennbar mit Dorf und Stadt verbunden.

So begann bereits vor Jahren eine intensive Recherche; erstmals wurden Dokumente aus dem Familienarchiv, das die Familie Kerz seit dem frühen 19. Jahrhundert zusammengetragen und bewahrt hatte, gesichtet und ausgewertet. Auch in zahlreichen staatlichen und städtischen Archiven fanden sich schließlich Hinweise und Unterlagen, die ermöglichten, ein umfangreiches Bild des Anwesens zu zeichnen.
Eine kleine Besonderheit dieses Buches ist ferner der Umstand, auch einige Objekte aus dem Inventar der alten Dümpelsmühle zeigen zu können, die teilweise über Jahrhunderte zum Haus gehört haben. Von Interesse dürften auch die Fotos aus dem Familienarchiv sein, die hier zum größten Teil

erstmals veröffentlicht werden.
So bilden die amtlich-offiziellen Unterlagen, die persönlichen Dokumente des Familienarchivs Kerz, Fotos und Bildmaterial, sowie nicht zuletzt der Wissensschatz der Zeitzeugen, die Eckpfeiler dieser Dokumentation. Ich hoffe, es ist gelungen, diese so miteinander zu verbinden, dass sich letztendlich aus zahlreichen, vielfarbigen Steinchen ein großes Mosaik ergeben hat.

Florian J. Kerz im Herbst 2020.

Abbildung 1: Hausschild an der Einfahrt der Dümpelsmühle.
Foto: F. J. Kerz

Die Dümpelsmühle - eine Spurensuche

Die Dümpelsmühle ist als Ausflugslokal und gutgehendes Familienhotel, zu dem man an Wochenenden und Feiertagen gerne ausgedehnte Spaziergänge mit anschließender Einkehr unternahm, auch heute noch vielen älteren Aschaffenburgern ein Begriff.
Im südöstlichen Randgebiet des heutigen Stadtteils Schweinheim gelegen, stand ihr Name schon immer für eine unvergleichliche Lage und einen Ort der Ruhe und Erholung. Trotz der Nähe zur Stadt Aschaffenburg ließen sich dort Hast und Eile vergessen. Fast scheint es, als ob die Zeit hier stehengeblieben ist. Der Hauch von Zeitlosigkeit und Unvergänglichkeit, der dem Anwesen schon immer anhaftete, umgibt es noch heute. Dennoch ist sie kaum greifbar, die eigentümliche Faszination, die von der Dümpelsmühle ausgeht und die sie sich trotz allen Wandels und einschneidender Veränderungen über Jahrhunderte hinweg bewahrt hat.

Bereits im 19. Jahrhundert vermochten die Eigentümer lediglich zu sagen, dass die Dümpelsmühle wohl zu den ältesten Wassermühlen Schweinheims gehörte, nicht aber, wie alt sie tatsächlich war. Fast geheimnisumwoben schien sich Näheres im Dunkel der Geschichte zu verlieren. So muten auch die Betrachtungen eines Artikels der *Aschaffenburger Zeitung* aus dem Jahr 1939 an, in dem es heißt:

„Ein gutes Jahrhundert schon steht der Fachwerkbau[1] der Dümpelsmühle am Anfang der Bodenfalte, in die sie hineinstrebt. Viel älter noch erhebt sich hinter den Häusern die alte Mühle. Wenn sie sprechen könnte, wüßte sie davon zu sagen, wie das Korn oft überreich in ihre Mahlkammern floss als goldener Regen, und wie es oft auch nur sehr spärlich troff, wenn kriegerische Fehde oder Hagelschlag der Erde die Kraft nahmen, es zu erhalten. Es ist historischer Boden, über dem die Dümpelsmühle sich erhebt.“[2]

Wenn sich darin auch romantische Verklärung und historische Wahrheit zu vermischen scheinen, so lässt sich damit doch ein Stück der Anziehungskraft begreifen, von der die Dümpelsmühle schon damals umhüllt war.
Dennoch lässt dieser Artikel den Leser über das Alter des Hofes im Unklaren und deutet nur an, dass die alte Mühle ein stummer Zeuge vergangener Jahrhunderte ist.
Im 21. Jahrhundert war es schließlich die Zeitschrift *Spessart,* die in ihrer Ausgabe vom Januar/ Februar 2012 den einstigen Mühlenanwesen im Spessart einen hervorragenden Artikel widmete, in dem auch die Dümpelsmühle Erwähnung findet. Bemerkenswert ist die Bildunterschrift eines Fotos, das die Hofeinfahrt der Dümpelsmühle zeigt und eine konkrete Vermutung zur Entstehungszeit nennt: *„Die aus dem 13. Jahrhundert stammende Dümpelsmühle wurde im 2. Weltkrieg stark beschädigt. Eine Skizze auf dem Hausschild gibt einen Eindruck von dem stattlichen Anwesen.“*[3]

---

1 In dieser Annahme irrte der Verfasser - der Fachwerkbau stand in dieser Form erst seit dem Jahr 1906 und zuvor einstöckig seit 1854 mit einer ersten Erweiterung im Jahr 1894.

2 Aschaffenburger Zeitung, Ausgabe vom 31.03.1939, S. 6

3 Spessart, Main-Echo-Verlag, Ausgabe Jan./ Feb. 2012, S.7, Bild Nr. 8

Der besagte Artikel gab nun Anstoß, Belege für ihre Ursprünge zu finden und sich auf Spurensuche zu begeben.

Von der historischen Entwicklung des Ortes Schweinheim und des Stiftes St. Peter und Alexander ausgehend, sollen zunächst die Anfänge der Dümpelsmühle näher beleuchtet und ihr Weg im Wandel der Jahrhunderte nachgezeichnet werden.

Abbildung 2: Blick von der Hofeinfahrt auf die Dümpelsmühle im Frühjahr 2019. Foto: F. J. Kerz

Die Entstehung des Ortes Schweinheim

Aus mehreren Quellen, die sich allmählich sammeln, entspringt am Weißberg der Gailbach bzw. Hensbach.[4] Er bahnt sich seinen Weg durch den ursprünglich eigenständigen Ort Gailbach und dann, zur Linken und Rechten von einer Allee von Erlen umsäumt, weiter durch das Gailbachtal. Hier, am Rande Schweinheims bei Aschaffenburg, gelangt er zur Dümpelsmühle, die eingebettet zwischen Erbig, Stengerts, Elterberg und Haidberg liegend, den Wanderer leicht glauben macht, dass sie schon seit Anbeginn aller Zeiten hier stünde.

Dort, wo sich das heutige Schweinheim befindet, entstanden die ersten Ansiedlungen im ausgehenden 10. Jahrhundert. In den ältesten vorhandenen Unterlagen wird das spätere Schweinheim mit *Hagin (Indago), Hagen,* bzw. mit *Hain* bezeichnet, was für eine einst bewaldete Gegend spricht. Die Einwohner besaßen ursprünglich das Bürgerrecht der Stadt Aschaffenburg, welches sie aber infolge des Bauernkrieges 1524-1526 verloren.[5] Im 12. und 13. Jahrhundert bestand Hain jedoch fast ausschließlich aus im Hensbachtal zerstreut liegen-

4 In Gailbacher Gemarkung als „Gailbach“ bezeichnet. Für „Hensbach“ findet sich außerdem auch die Bezeichnung „Häsbach“.

5 Vgl. Kittel, Dr., Erörterung der historischen Streitfrage über die Lage des adeligen Frauenklosters im Hagen bei Aschaffenburg, in Archiv des historischen Vereines von Unterfranken und Aschaffenburg, Vierzehnter Band, erstes Heft, Druckerei Thein, Würzburg, 1856, S. 248

den Höfen und Mühlen, die teils stiftische Lehen, teils Eigentum adeliger Bürger Aschaffenburgs waren. Die Gemeinde Schweinheim als solche bestand damals noch nicht; an dieser Stelle standen lediglich Hütten der *Hintersassen*[6], die Leibeigene des Kurfürsten und des Erzbischofs waren. In Zeiten, in denen der Fürst in Aschaffenburg residierte, hatten selbige die Kammerfrohnden in Küche, Waschhaus, Keller und Holzhof zu leisten.[7] Im Laufe des 14. Jahrhunderts nahm die Anzahl der Hütten weiter zu und diese bildeten schließlich den *Oberen Hain (Indago superior)*, während im eigentlichen *Hain* – nun *Unterhain (Indago inferior)* genannt – nur freie Leute wohnten. Durch die Tatsache, dass auf diesen Höfen überwiegend Erbbeständer wohnten, vermehrte sich deren Anzahl selbst bis ins 19. Jahrhundert kaum.[8] 1249 wurde das Dorf Hagen durch Erzbischof Christian II. von allen Lasten und Rechten der adeligen Vögte befreit und damit zum unabhängigen Bauerndorf ohne Leibeigene. Es gehörte lediglich in *Criminalibus* zur Zehnt vom Spessart, unterstand aber ansonsten unmittelbar dem Oberkeller zu Aschaffenburg. Das damalige Schweinheim hatte vor allen anderen Orten des Vizedomamtes Aschaffenburg dadurch besondere Vorrechte, weshalb die Bewohner Schweinheims in den Akten auch *Cammerbauern* genannt werden.[9]

---

6 Einfache Landleute.

7 Vgl. Dahl, Conrad, Geschichte und Beschreibung der Stadt Aschaffenburg, des vormaligen Klosters Schmerlenbach und des Spessarts mit Beilagen, Darmstadt, 1818, S. 100

8 Vgl. Kittel, Dr., Erörterung der historischen Streitfrage über die Lage des adeligen Frauenklosters im Hagen bei Aschaffenburg, in „Archiv des historischen Vereines von Unterfranken und Aschaffenburg, Vierzehnter Band, erstes Heft, Druckerei Thein, Würzburg, 1856, S. 248

9 Dahl, Conrad: Geschichte und Beschreibung der Stadt Aschaffenburg, des vormaligen Klosters Schmerlenbach und des Spessarts mit Beilagen,

Die heutige Bezeichnung Schweinheims findet sich mit der Nennung von *Schweynhayn* erstmals im 16. Jahrhundert[10]; die Bezeichnungen *Hain* bzw. *Indago* blieben teilweise jedoch noch bis ins 18. Jahrhundert gebräuchlich.

An der Stelle des heutigen Aschaffenburger Schöntals hatte der Mainzer Kurfürst Dietrich von Erbach (1434-1459) einen Park für Edelwild errichtet und auch außerhalb der Stadt ein Waldstück mit Hecken einfrieden lassen, in welchem Treibjagden nach Wildschweinen veranstaltet wurden.[11] Dieses Waldstück zog sich vermutlich vom heutigen Schöntal ausgehend Richtung *Hain* hin. Man nimmt daher an, dass *Hain* infolge dessen den Namen *Schweynhain* erhielt, um den Ort von den anderen gleichnamigen Dörfern, Hain im Spessart und Obernhain (dem heutigen Obernau), besser unterscheiden zu können.[12]

Die frühe Geschichte und das Entstehen des Ortes Schweinheim überhaupt ist schon allein deshalb mit dem Kollegiatstift St. Peter und Alexander in Aschaffenburg eng verknüpft, weil es sich bei den ersten Ansiedlungen um Mühlen und Höfe handelte, die sich schon bald in überwiegend stiftischer Hand befanden. Deren Vorhandensein erst hatte die Ansäßigmachung der Bevölkerung, die auf den Höfen und Gütern arbeitete und auch die weitere Entwicklung des Ortes *Schweynhain* zur Folge. So verfügte das Dorf auch schon früh über eine eigenständige Verwaltung, der ein Schultheiß vorstand.

Darmstadt, 1818, S.100 f.

10 Vgl. Schweinfest, Johann Georg, Das Pfarrdorf Schweinheim, Druckerei Werbrun, 1912, S. 9

11 Vgl. Göbel, M., Schweinheim – Ein Heimatbuch, Kirsch Verlag, 1930, S. 29

12 Vgl. Schweinfest, Johann Georg, Das Pfarrdorf Schweinheim, Druckerei Werbrun, 1912, S. 9

Das Kollegiatstift St. Peter und Alexander

Ursprünglich war die am rechten Mainufer gelegene Stadt Aschaffenburg im Besitz der rheinfränkischen Herzöge. Im ersten Drittel des 10. Jahrhunderts fiel diese an die Ottonische Kaiserfamilie. Mitte des 10. Jahrhunderts hatte Herzog Otto I. von Bayern und Schwaben Aschaffenburg und Umgegend aus seinem mütterlichen Erbe erhalten. Der kinderlose Herzog und Enkel des Kaisers Otto des Großen erbaute um 975 eine Kirche zu Ehren der Märtyrer Peter und Alexander und errichtete dabei das Aschaffenburger Kollegiatstift. Mit der Bewilligung des Kaisers Otto II., seinem Onkel, vermachte er diesem schließlich auch sein gesamtes Vermögen, darunter die Stadt Aschaffenburg und ein Walddistrikt von erheblicher Ausdehnung – dem größten Teil des Spessarts. Bereits um das Jahr 976 setzte er für das Stift, dessen Güter und Angehörige einen Vogt (Advocatum) ein. Mit dem Besitzübergang des Walddistrikts wurde außerdem der Grundstein zum späteren Vicedomamt Aschaffenburg gelegt.

Nach Kap. 7 des Mainzer Kirchenrates aus dem Jahr 857 war jedoch festgelegt, dass die Vermögensverwaltung den Bischöfen oblag. Mit Besitznahme der weltlichen Macht übten die Mainzer Erzbischöfe ihr Landesherrschaftsrecht daher auch in Aschaffenburg aus und beanspruchten große Teile der Besitztümer des Kollegiatstifts bald als ihr Eigentum. Dies war der Anbeginn der Zugehörigkeit Aschaffenburgs zum Erzbistum Mainz, die bis zum Reichsdeputationshauptschluss im Jahr 1803 andauern sollte.

Obwohl das Stift also schon früh einen Großteil seiner Besitzungen verloren hatte, blieben ihm dennoch beträchtliche Güter, Gefälle[13] und Renten. Durch Käufe, Schenkungen und Tauschgeschäfte konnte das Stift seinen Besitz weiter mehren.

Der Grundbesitz in Form von Gütern, Höfen, Mühlen und Weinbergen in Aschaffenburg und im Spessart, dem sog. *Oberen Erzstift*, brachten dem Stift bald großen Wohlstand und machten es zum reichsten Grundherren der Stadt. Ab dem Jahr 1100 residierten zeitweise 28 Kanoniker, welche allesamt ein eigenes Haus führten, auf den um das Stift gelegenen Höfen und Anwesen.

Dem Propst, der dem Kollegiatstift vorstand, waren schon im 12. Jahrhundert ein Vogt, ein Schenk und ein Marschall unterstellt. Weiterhin war mit der Würde des Stiftspropstes auch die Funktion der Belehnung verknüpft. Jeder der Kanoniker erhielt dabei einen Teil der Stiftseinkünfte zugeteilt, wobei auf Propst und Dechant die größten Anteile entfielen. Die Kanoniker empfingen jedoch alle ihre eigenen Präbende[14], meist in Form von Grundbesitzungen, deren Erträge für den Lebensunterhalt derselben bestimmt waren.

Bei den Kanonikern handelte es sich fast ausschließlich auch um adelige Grundherren und bereits im Mittelalter bestanden Statuten, die forderten, dass der Stiftspropst eine vier- bis sechzehnfache Ahnenprobe zu liefern hatte. Die Stiftsherren

13 Alte Bezeichnung für „Einkünfte".

14 Kirchliche Pfründe.

von St. Peter und Alexander wurden außerdem ausschließlich aus dem Mainzer Domkapitel gewählt und ab 1588 bekleidete der Mainzer Erzbischof, der seine Zweitresidenz in Aschaffenburg hatte, das Amt des Stiftspropstes.
Um das Jahr 1120 gründete Kurmainz das Aschaffenburger Vizedomamt, dem als Verwaltungsbehörde der Vizedom vorstand. *„Der Vicedom ist einer von vornehmem Adel"*, schreibt 1748 die kosmographische Gesellschaft unter Bezugnahme auf das Vizedomamt in Aschaffenburg.[15] Mit der Gründung des Vizedomamts Aschaffenburg wurde auch die Grundlage für die später eingerichtete Amtsvogtei Schweinheim geschaffen.

Wie bereits ausgeführt, bestanden die ersten Ansiedlungen in *Hain* also aus verstreut liegenden Mühlen und Höfen im Hensbachtal. Hierbei handelte es sich ausschließlich um Besitzungen adeliger Bürger oder um stiftische Lehen.[16] Dies liegt nicht zuletzt in dem seit dem 12. Jahrhundert existierenden sog. *Mühlenzwang* begründet. Dieser bezeichnete ein grundherrliches Gewerbebannrecht, das dem Grundherren u.a. das alleinige Recht zum Bau und Betreiben einer Mühle sicherte.[17] Bereits hiervon lässt sich ableiten, dass die ältesten Mühlen in *Hain* bzw. *Hagen* ursprünglich im Besitz eines Grundherren gewesen sein müssen. Insbesondere die Errichtung einer Mühle war für selbigen insofern äußerst lukrativ, als

---

15 Mitglieder der kosmographischen Gesellschaft, Kosmographische Nachrichten und Sammlungen auf das Jahr 1748, Nürnberg 1750, S. 53

16 Vgl. Kittel, Dr., Erörterung der historischen Streitfrage über die Lage des adeligen Frauenklosters im Hagen bei Aschaffenburg, in Archiv des historischen Vereines von Unterfranken und Aschaffenburg, Vierzehnter Band, erstes Heft, Druckerei Thein, Würzburg, 1856

17 Vgl. Riepen, C., Der Mühlenzwang, Commission der Schwers'schen Buchhandlung, Kiel, 1850

dass dem Mühlenwesen seit jeher eine elementare Bedeutung für die Versorgung der Bevölkerung zukam und die Bauern der umliegenden Gemeinden dazu gezwungen waren, ihr Getreide dort mahlen zu lassen. Der Grundherr sicherte sich damit dauerhaft regelmäßige und vergleichsweise beständige Einkünfte, die meist rentabler als die eines rein landwirtschaftlichen Gutes waren.

Das Stift St. Peter und Alexander besaß so im 12. und 13. Jahrhundert in *Hagen* bereits beträchtliche Güter. Die Ursache der weiteren Entstehung und Vergrößerung des Ortes – also dem heutigen Schweinheim - ist daher auch nicht zuletzt in der Blüte des Kollegiatstiftes zu suchen.

Von Mühlenbau und Mühlenwesen

Als die ersten Wassermühlen entlang des Hensbaches errichtet wurden, stand die Mühlenbaukunst bereits in ihrer größten Blüte. Erste Mahlmühlen, die nicht mit Muskelkraft von Menschen oder Tieren angetrieben wurden, sind bereits aus dem 3. Jahrhundert v. Chr. aus Asien bekannt. Auch die alten Ägypter und Römer verwendeten bereits Wassermühlen. Die Römer waren es auch, welche die Wassermühlentechnik nach Deutschland brachten. Spätestens seit dem Mittelalter waren durch Wasserkraft angetriebene Mahlmühlen in ganz West- und Mitteleuropa verbreitet.

Im 12. Jahrhundert war das gesamte Gebiet an den Ufern des Mains noch dicht bewaldet. Wasserläufe boten Lebensmöglichkeiten, weshalb nach und nach große Waldgebiete gerodet wurden. Damit wurden auch die Grundvoraussetzungen zur Errichtung der Wassermühlen entlang des Hensbaches geschaffen.

Unter allen Kräften kann das fließende Wasser dort wo es vorkommt, am gleichförmigsten und unveränderlichsten auf ein in Bewegung zu setzendes Rad wirken, während Wind hingegen eine nur wenig konstante Kraft darstellt. Auch Kraft von Mensch und Tier erlangen nicht die Gleichförmigkeit des Wassers.

Als Mühlsteine verwendete man harte, jedoch nicht zu dichte Sandsteine. Der Müller erhielt sie gewöhnlich nur grob abgerundet und unausgearbeitet. Er selbst kümmerte sich dann darum, ihnen den genauen zylindrischen Umfang zu geben und auch das Loch für Lager mit Hammer, Meißel und Pike hineinzuarbeiten.

Das vom fließenden Wasser in Umdrehung gesetzte Wasserrad dreht sich in einer vertikalen Fläche um seine Achse. Das vertikale Wasserrad befestigte man mit seiner Mitte durch Arme an dem horizontalen sog. *Hauptwellbaum* der Mühle, um auf diese Art das gesamte Mühlwerk in Tätigkeit bringen.

Grundsätzlich unterscheidet man zwei Arten von Wasserrädern: das Oberschlächtige und das Unterschlächtige. Die Dümpelsmühle verfügte von altersher über ein oberschlächtiges Wasserrad, auf dessen Oberfläche sich über in einzelne Zellen abgeteilte Behältnisse befanden. Diese wurden durch das oben vom Mühlbach herabfließende Wasser auf einer Seite gefüllt und verhalfen dem Rad dadurch auf dieser Seite zum Übergewicht, wodurch die Umdrehung des Rades in Gang kam. Für jede Zelle, die beim Drehen ihr Wasser ausgoss, wurde durch den beständigen Wasserlauf von oben bereits eine neue gefüllt. Das Rad behielt also seine gleichmäßigen Umdrehungen dadurch bei.

Eine besondere Bedeutung kam bei der Errichtung einer Mühle außerdem dem sog. *Fachbaum* zu. Bei diesem, auch *Mahlbaum* oder *Spundbaum* genannt, handelte es sich um einen Balken, der dafür sorgte, dass das Wasser vom Gerinne in der vorgeschriebenen Höhe erhalten wurde; das Wasser unterteilte man zu diesem Zweck durch ein Fach. Bei einer oberschlächtigen Mühle handelt es sich um einen Querbalken, auf

den Gerinne und Wasserbett gesetzt wurden.

Auch wenn die Errichtung einer Mühle ein grundherrliches Vorrecht war, so galt es für den Grundherren beim Neubau einer Mühle zu berücksichtigen, wie viele Mühlenanwesen es in der Umgegend bereits gab. Das Vorhandensein der sog. *Mahlgäste* und der damit verbundenen Nachfrage, berechnete sich wie folgt: Man ging davon aus, dass ein erwachsener Mensch im Jahr einen Bedarf von etwa zehn Scheffeln Getreide hatte und setzte selbigen von Kindern und alten Menschen mit der Hälfte an. Nun wurde die Anzahl der Bewohner im Einzugskreis mit zehn bzw. fünf multipliziert, nachdem man diejenigen in Abzug gebracht hatte, die durch den schon erwähnten Mühlenzwang an einen anderen Mahlbetrieb gebunden waren.[18] Der Bau und Inbetriebnahme einer Mühle machten also nur dann Sinn, wenn sich schon vorab eine bestimmte Anzahl an Mahlgästen festmachen ließ. Im Gegensatz zu anderen Betrieben der Nahrungserzeugung bzw. Verarbeitung, ließ sich dies im Mühlenwesen recht verlässlich bestimmen.

Bei der sog. *Mühlenschau*, bei der die örtlichen Gegebenheiten von Zeit zu Zeit inspiziert wurden, legte man allergrößtes Augenmerk darauf, dass der Fachbaum nicht verändert wurde. Schon kleine Anpassungen konnte zur Folge haben, dass benachbarte, ober- oder unterhalb gelegene Mühlen, durch Erhöhungen erheblichen Schaden nehmen konnten.[19] Auch die Mühlenordnung für Kurmainz sah hierfür entsprechende Regelungen vor:

---

18 Vgl. Lehrbegriff sämmelicher oeconomischer Cameralwissenschaften des ersten Theils, erster Band, Mannheim, 1779, S. 483

19 Vgl. Krünitz, Johann Georg, Oekonomisch-technologische Encyclopädie, 12. Teil, Berlin, 1786, S. 5 f.

„Derjenige Müller, Mühlbesitzer, oder Beständer, welcher entweder selbst, oder durch seine Knechte, den Mahlpfahl ausziehet, verrücket, anderweitig verändert oder sonst eine Betrügerey daran verübet, und dessen überführet wird, soll mit einer Strafe von 500 Gulden wegen unnachläßlichem Vorgehen belegt seyn, und des Müllerhandwerks entsetzet werden.“ [20]

Obwohl für die Nahrungsversorgung der Bevölkerung von unentbehrlicher Wichtigkeit, war der Beruf des Müllers nie mit hohem Ansehen gesegnet - im Gegenteil. Spöttisch meinte der Volksmund zum Beispiel: *„Der Müller ist ein ad'lig Kind, es arbeiten für ihn Wasser und Wind.“*

Im Mittelalter existierte der sog. *Mühlenfrieden,* der die Mühlen unter besonderen Schutz stellte. Hintergrund war, dass Einbruch in einer Mühle, Beschädigung an derselben und Diebstahl von Getreide besonders hart geahndet wurden, da die Lebensmittelversorgung der Bevölkerung unter allen Umständen gesichert sein sollte. Gleichzeitig besagte der Mühlenfrieden damit jedoch auch, dass u. U. ein Verbrecher in einer Mühle Zuflucht finden konnte, ohne dass man ihn gewaltsam in Gewahrsam nehmen durfte - denn schließlich sollten Mühle und Mühleneinrichtung keinen Schaden nehmen. Auch dies führte dazu, dass dem Müller nicht selten vorgeworfen wurde, mit Verbrechern im Bunde zu stehen.

Davon abgesehen, waren die Bauern immer wieder der Meinung, für ihr eingeliefertes Korn zu wenig Mehl erhalten zu haben. So wurde dem Müller häufig unterstellt: *Der Müller hat zwei Scheffel, den einen zum Ein-, den andern zum Ausmes-*

20 Chur Mainzer Mühlenordnung für das Viztumamt Aschaffenburg, 1772, o. Verlagsangabe, S. 12

sen.[21]

Der Volksmund nannte den Müller oftmals auch in einem Atemzug mit dem Schneider und dem Weber, die ebenfalls im Ruf standen, unehrlich zu sein. Hiervon zeugt folgendes Sprichwort: *„Müller, Schneider und Weber werden nicht gehängt, das Handwerk ginge sonst aus.“*[22]

Trotz dieser landläufig geringschätzigen Meinung, wurden hohe Anforderungen an die Ausbildung des Müllergesellens und des Müllermeisters gestellt. In Franken bestanden bereits im 14. Jahrhundert konkrete Statuten zum Ablegen der Meisterprüfung. Auch die Mühlknechte mussten vor Aufnahme ihrer Arbeit der Obrigkeit gegenüber einen aus dem 16. Jahrhundert überlieferten Eid ablegen:

„Die Oberhand- und andere Mühlknecht sollen schwören zu Gott dem Allmächtigen, daß sie all ihre Arbeit in der Mühl, und sonsten, so ihnen befohlen ist, treulich verrichten, und jedem sein Gut neben dem Müller fleißig bewahren, und männiglich zu Nutz arbeiten wollen, auch einem jeden sein Gut ungefälscht, und ohne Abgang oder Mangel wieder einantworten, dem Reichen, wie dem Armen, mit Trinkgeld oder in andern Weg niemand beschweren, weder heimlich noch öffentlich, weder durch sich selbst, oder die Ihrigen niemand von dem Seinigen nicht abtragen oder nehmen, da auch einer oder mehr verspührt, daß der Müller Jemand beschwere, oder das Seine abnehme wider die Ordnung, darauf sie Obacht zu haben, sollen sie solches alsobald der Obrigkeit anzei-

21 Wander, Karl Friedrich Wilhelm (Hrsg.), Deutsches Sprichwörter-Lexikon, 3. Band, Verlag F.A. Brockhaus, Leipzig, 1870, S.761 f.

22 Ebd.

gen, damit der Müller darum gestraft werde [...]"[23]

Auch das heute noch geläufige Sprichwort, *„wer zuerst kommt, mahlt zuerst"*, wird überwiegend darauf zurückgeführt, dass die Mahlgäste nach Reihe ihres Erscheinens abgefertigt werden mussten. Bereits in dem sich mit Land- und Lehnsrecht befassenden *„Schwabenspiegel"* aus dem 13. Jahrhundert wird erwähnt: *„Der ouch e zer müli kumt, der sol ouch e malen."*[24] Der Vollständigkeit halber sei aber auch auf eine andere Auslegung hingewiesen. Diese sieht *„Mahlen"* in diesem Zusammenhang auf das Wort *„Mahl"* für eine Gerichtssitzung oder Versammlung zurückgehend. Dementsprechend ist damit gemeint: wer zuerst erscheint, muss zuerst vom Richter gehört werden.[25]

---

23 Sammlung der im Gebiete der inneren Staats-Verwaltung des Königreichs Bayern bestehenden Verordnungen, 13. Band, 2. Teil, München, 1839, S. 848

24 „Wer zuerst zur Mühle kommt, soll zuerst mahlen", Weigand, Friedrich Ludwig Karl, Deutsches Wörterbuch, Band II, J. Ricker'sche Buchhandlung, Gießen, 1860, S. 86

25 Vgl. Hopf, D. Georg Wilhelm, Hilfsbuch zu Deutschen Stilübungen an Mittelschulen, Verlag J. Ludwig Schmid, Nürnberg, 1871, S. 187

Die Dümpelsmühle als stiftisches Anwesen seit dem 13. Jahrhundert

Es waren freie Edle, welche die Mühlen zur Versorgung entlang des Hensbaches erbauten. Um die Mühlen und auch um die später entstandenen Gutshöfe, siedelten sich Unfreie an, die sich teilweise durch Roden des angrenzenden Waldes eigenen Besitz schufen.[26] Umenhof nennt sie „*unansehnliche Häuschen*“[27], die im Bereich des Hensbaches noch in den 1950er Jahren von den ersten Ansiedlungen zeugten. Es ist durchaus wahrscheinlich, dass die Dümpelsmühle bereits zu den ersten Mühlen gehörte, die entlang des Hensbaches errichtet wurden Auch der älteste Gebäudeteil der Dümpelsmühle bekräftigt diese Vermutung. Das Fundament des ursprünglichen Mühlhauses ist noch heute vorhanden. Umfangreiche Bauarbeiten im Jahr 2012, bei denen auch Teile des alten Fundaments aufgestemmt werden mussten, ermöglichten einen Blick auf dessen Beschaffenheit. Es besteht aus in den Boden getriebenen angespitzten Pfählen aus witterungsbeständigem Eichenholz. Dauerhaft im feuchten Grund stehend, sind diese äußerst stabil und über viele Jahrhunderte haltbar. Ziel dieses Vorgehens war das Verdichten des Untergrunds in wassernahem Terrain, wie er auch auf der Dümpelsmühle vorzufinden ist. Hierauf wurde dann eine Konstruktion aus

26 Umenhof, Karl Pfr., in Spessart, Die Geschichte des Festortes Schweinheim, in der Zeitschrift Spessart, Ausgabe 6/1953, S. 6

27 Ebd.

Granitfindlingen aufgesetzt. Diese Verfahrensweise zur Errichtung eines Fundaments spricht für eine Bauart, die besonders im Hochmittelalter (etwa 1050 bis 1250) weite Verbreitung fand.[28] In dem sog. *Werkmeisterbuch* des Baumeisters Lorenz Lacher aus dem Jahr 1516 wird die Herstellung eines Fundaments, exakt wie es auf der Dümpelsmühle anzutreffen ist, beschrieben. Abschließend heißt es darin:

„Auf solichem Fundament stehn die gepey [Gebäude, Anm. d. Verf.] fest zu ewigen Zeiten“ [29]

So untermauern also die heute teils noch vorhandenen, teils zu rekonstruierenden baulichen Gegebenheiten bereits die Annahme, dass das 13. Jahrhundert als Entstehungszeit der Dümpelsmühle infrage kommt. Es bliebe allerdings bei einer Vermutung, wenn nicht die Lebens- und Wirkungszeit des ersten nachweisbaren Eigentümers tatsächlich auch in das ausgehende 13. Jahrhundert fiele. Siegfried von Gelnhausen (+1321) war ein einflussreicher Kanoniker in Aschaffenburg und auch Bischof von Chur, der 1312 sogar der Krönung des römisch-deutschen Kaisers in Rom beiwohnte. In der Abschrift einer ursprünglich aus dem Jahr 1298 stammenden Auflistung seiner Besitzungen, heißt es:

„[...] auch dannen weiter die Muhlen, im Hagen zur rechten Handt an der Straß nach Galinbach [Anm. d. Verf.: das heutige Gailbach].“ [30]

---

28 Vgl. Cohausen, August von/ Jähns, Max, Die Befestigungsweisen der Vorzeit und des Mittelalters, Band II, C.W. Kreidels Verlag, Wiesbaden, 1898

29 Reichensperger, August: Des Meister L. Lacher Unterweisungen, In: vermischte Schriften über christliche Kunst, Leipzig 1856, S. 133 ff.

30 Behlen, Stephan, Ergänzungen zum einstmaligen Collegiatstifte zu Aschaffenburg, Auszug aus einem unveröffentlichten Manuskript 1839,

Ob Siegfried von Gelnhausen, der nicht nur mehrere Klöster stiftete, sondern auch zahlreiche Hofgüter und Mühlen errichtete, aber auch erster Eigentümer und Erbauer der Dümpelsmühle gewesen ist, lässt sich hieraus nicht beantworten. Siegfried von Gelnhausen könnte also sowohl der Erbauer der Dümpelsmühle gewesen sein, sie aber auch geerbt oder käuflich erworben haben. Die Blüte des herrschaftlichen Mühlenbaus lässt sich jedenfalls in das 12. und 13. Jahrhundert verorten, so dass von einer wesentlich früheren Erbauung nicht ausgegangen werden kann; spätestens 1298 hat das Anwesen jedoch bereits bestanden.

In jedem Fall stellte der Besitz einer Mühle eine lukrative Einnahmequelle dar. Durch den bereits erwähnten sog. *Mühlenzwang*, ließen sich so fortlaufende Einkünfte generieren, die das Vermögen des Grundherren weiter mehrten.

In seinem aus dem Jahre 1305 stammenden Testament vermachte Siegfried von Gelnhausen die Dümpelsmühle, darin als *„zume Hen prope Aschaffenburg"* genannt, dem Stift St. Peter und Alexander [31] [32].

Was die geographischen Gemarkungen anbelangt, gehörte die Dümpelsmühle seit jeher zu *Hain* (dem späteren Schweinheim), war aber 1321 mit dem Tod Siegfrieds von Gelnhausen Eigentum des Kollegiatstifts St. Peter und Alexander in Aschaffenburg und damit zu einem stiftischen Anwesen geworden.

S. 36

31 Vgl. Aschaffenburger Geschichtsblätter Nr. 9 vom September 1935, S. 31

32 Vgl. Hessisches Staatsarchiv Marburg, Urk. 69, 135, Testament des Bischofs Siegfried von Chur

Die ältesten sog. *Jurisdiktionalbücher*[33] sprechen bereits von fünf Mühlen in Hain. Sie gehörten zu den ausgedehnten Besitzungen in *Ober- und Unterhayn* und machten bald einen großen Teil der Lehen der Propstei Aschaffenburg aus.

Göbel erwähnt in seiner Abhandlung über das Aschaffenburger Propsteilehen, dass das größte Lehen der Propstei des Aschaffenburger Stifts, das *„am Rotenwasser, am Wendelberg, am Dörnbach, am Elterberg mit dem Elterhof und der Tümpelsmühle“*[34] gewesen sei.

Nicht zuletzt durch den Umstand, dass das Stift in *Hain* zahlreiche Güter besaß, begründete sich auch die enge Bindung von Aschaffenburg und Schweinheim. So wird bereits im 13. Jahrhundert insbesondere durch den Transport von Naturalien zwischen Dorf und Stadt ein reger und lebhafter Verkehr geherrscht haben. Die Geschichte Schweinheims ist also bereits seit ihren Anfängen mit der Aschaffenburgs eng verwoben. Als sich in späteren Jahrhunderten die Ansiedlungen Schweinheims immer weiter in Richtung Stadt hinzogen, wurde diese Bindung weiter gestärkt und mündete schließlich in der Eingemeindung Schweinheims im Jahr 1939.

Die ältesten Erwähnungen der Dümpelsmühle finden sich also in der Auflistung der Besitzungen Siegfrieds von Gelnhausen aus dem Jahr 1298, sowie in seinem Testament aus dem Jahr 1305. Im Jahr 1481 wird sie in der Aschaffenburger Marktordnung als die Mühle *„ime hayne“* genannt.[35]

---

33 Die landesherrliche Gewalt beschreibenden Bücher, mit Besitzungen und Grenzbeschreibungen.

34 Göbel, M., Das Aschaffenburger Propsteilehen in „Aschaffenburger Geschichtsblätter, Nr. 9, 1935, S.29

35 Göbel, M., Schweinheim – Ein Heimatbuch, Kirsch Verlag, 1930, S. 34

Namentlich bereits als „Dümpelsmühle“, wird sie im *Jurisdictionalbuch des Vicedomamtes Aschaffenburg* erwähnt. Diese Aufzeichnungen enthalten ein sog. *Weisthum*[36] *des Dorfes Schweinhain*, in dem es um die Festlegung des Waidganges und Grenzbeschreibungen geht. Von jenem *Weisthum* sind zwar lediglich Abschriften aus den Jahren 1624 und 1654 erhalten geblieben; das Original stammt jedoch aus dem 13. Jahrhundert.[37] Darin heißt es:

„[...] bis an den Stattgraben hinein bis auf die Bach; volgt, die Haybachter markh, ein scheidtgraben von der Bach die Dümpelsmuhlen, wo die Burgermarkh anfängt [...]“[38]

Auch dies spricht dafür, dass die Dümpelsmühle zu den ältesten Wassermühlen Schweinheims zu zählen ist, wie auch der *Beobachter am Main* in seiner Ausgabe vom 11. Mai 1935 bemerkte.[39]

Auch wenn Siegfried von Gelnhausen seine Mühle nicht explizit als Dümpelsmühle nennt, so scheint die Bezeichnung bereits im 13. Jahrhundert gebräuchlich gewesen zu sein. Bei dem Namen handelt es sich zweifelsohne um eine sog. Herkunfts- bzw. Ursprungsbezeichnung, bei der Lage und geographische Gegebenheiten ausschlaggebend für die Namensfindung waren.

---

36 Übereinkommen schriftlich festgehaltener Rechte, die teils schon mündlich überliefert waren.

37 Vgl. Repertorium des topographischen Atlasblattes Aschaffenburg, München 1861, S. 156 f.

38 Dahl, Conrad, Geschichte und Beschreibung der Stadt Aschaffenburg, des vormaligen Klosters Schmerlenbach und des Spessarts mit Beilagen, Darmstadt, 1818, S. 99

39 Vgl. Beobachter Main, Zu Besuch auf der Dümpelsmühle, Ausgabe vom 12. Mai 1935, S. 6

Vermutlich bereits im 13. Jahrhundert hatte der Wiesengrund zwischen Dorf- und Dümpelsmühle den Namen *Schafdümpel* erhalten, weil sich dort eine künstlich geschaffene Wasseranstauung befand, an der die Schafe vor der Schur gewaschen wurden[40]. Dieser Tümpel wurde namensgebend für die ihm nächst gelegene Mühle. Einen Beleg hierfür findet man auch in der Flurbezeichnung eines seit dem 19. Jahrhundert zur Dümpelsmühle gehörigen landwirtschaftlichen Grundstücks mit der Flurnummer 2437, das den Flurnamen *„Acker im Schafstümpel“* trägt.

Gelegentlich wurde auch die Bezeichnung der *„moledino indago inferiori“*[41] verwendet und 1334 wird die Dümpelsmühle erneut in einer Beschreibung der Schweinheimer Gemarkung *als moledino in Indagine versus Rodenwasser*[42] erwähnt. Schließlich aber wurde der Name *Tümpelsmühle* immer gebräuchlicher. Eine Spitalrechnung aus dem Jahr 1610 nennt sie als die *„Mühle uff dem Schafdümpel“*.[43] Da der Tümpel dialektbedingt als *„Dümpel“* gesprochen wurde, übertrug sich das auch auf den Namen der in seiner Nähe gelegenen Mühle. Anzumerken ist allerdings, dass der mittelhochdeutsche Sprachgebrauch durchaus auch das Wort *„Dümpel“*, manchmal auch als *„Dümpfel“*, für eine *„tiefe Stelle im stehenden, wie auch im fließenden Wasser“* kennt.[44]

---

40 Vgl. Schweinfest, „Das Pfarrdorf Schweinheim“, Druckerei Werbrun, 1912, S. 26

41 Mühle im unteren Hain

42 Mühle in Schweinheim, in Richtung der Gemarkung gegen Rodenwasser gelegen

43 Schweinfest, Das Pfarrdorf Schweinheim, Druckerei Werbrun, 1912, S. 26

44 Grimm, Jacob/ Grimm, Wilhelm, Deutsches Wörterbuch, Band II, Verlag S. Hirzel, Leipzig, 1860, S. 1525

Nachdem die Dümpelsmühle nach dem Tode von Siegfried von Gelnhausen zu stiftischem Besitz geworden war, sprach der Stiftspropst, Sigfried Graf von Solms, die Lehnsträgerschaft dem Kanoniker Theodoricus de Wyler[45] als Präbende zu.[46] Dieser vermachte zur Corpus-Christi-Messe wiederum dem Kollegiatstift einen Teil seiner Zehnt-Einkünfte der Mühle in Form von 4 Malter Korn[47], mit der Bitte um die Stiftung eines Jahrestages.[48] Eine Abschrift dieser feierlichen Zehnt-Übertragung befindet sich in den Akten „*Regula fraternitatis eccles. Colleg. Aschaffenb. Ad laudum et gloriam Mariae virginis ac Divorum Petri et Alexandri patronorum Ao. Dom. 114 conscripta et restaurata.*“[49]

Ein solches Prozedere, mit dem die Kanoniker ihre zugesprochenen Einkünfte wieder dem Stift vermachten, war keine Seltenheit. Das Stift gab dadurch Teile seiner Einkünfte meist nur auf Zeit ab und konnte damit rechnen, dass sie in der Regel schon zu Lebzeiten des Kanonikers wieder an es zurückflossen, weil sich dieser zur Erlangung seines Seelenheils nahezu dazu verpflichtet fühlte. Darauf bezugnehmend, schreibt Jakob May in seinem Buch „*Geschichte des vormaligen Kollegiatstiftes zu den hh. Peter und Alexander in Aschaffenburg*“, dass „*[...] die Stiftsgeistlichen selbst dem Frieden ihrer Seele vornehmlich dadurch zu genügen glauben, wenn sie dem Al-*

45 manchmal auch als „de Weyler“, „de Wilere“ und „von Weiler“ genannt.

46 Vgl. Aschaffenburger Geschichtsblätter Nr. 9 vom September 1935, S. 9

47 „Malter“ = altes Getreidemaß, wobei 1 Malter etwa 100 Kilogramm ausmachten.

48 Vgl. Göbel, M., Schweinheim – Ein Heimatbuch, Kirsch Verlag, 1930, S. 90

49 May, Jakob, Geschichte des vormaligen Kollegiatstiftes zu den hh. Peter und Alexander in Aschaffenburg mit einer Beschreibung der dortigen Stiftskirche, Druckerei Thein , Würzburg, 1837, S. 93 f.

tare zurückgeben, was sie vom Altare bezogen hatten.“[50]

Durch dieses Vorgehen verblieb die Dümpelsmühle auch in kommenden Jahrhunderten stets in stiftischem Besitz, während die Präbende in Form der Zehnt-Einkünfte an verschiedene Kanoniker übertragen wurden.
Schwieriger gestaltet sich die Suche nach den Müllern selbst, den sogenannten *Beständern*, welche die Mühle bewirtschafteten. Von Zeit zu Zeit wurden seitens des Stifts zwar Listen angefertigt, welche die Besitzungen und ihre jeweiligen Beständer aufführten; dies geschah aber weder flächendeckend für den gesamten stiftischen Besitz, noch mit großer Regelmäßigkeit. Es fällt außerdem auf, dass bei der Dümpelsmühle vergleichweise wenige Erbbeständer vorkommen, bei denen die Bewirtschaftung des Anwesens vom Vater auf den Sohn überging. Dies mag insbesondere den persönlichen oder wirtschaftltichen Verhältnissen der jeweiligen Beständer geschuldet sein, erschwert aber die lückenlose Dokumentation der Müller auf der Dümpelsmühle zusätzlich.

Der erste Müller, der auf der Dümpelsmühle namentlich Erwähnung findet, ist 1608 Georg Schiffer, der als *Schafdümpelsmüller* genannt wird. Auf ihn folgten im Jahr 1612 der Lehnsmann Jörg Schneider als *Müller ufm Schafdümpel* und 1624 Jörg Schiffer, *Müller im Schafdümpel.*[51] All diese Beständer der Mühle leisteten ihre Gült und Zehntabgabe an jeweils den Stiftskanoniker, dem die Einkünfte zugesprochen waren.

---

50 May, Jakob, Geschichte des vormaligen Kollegiatstiftes zu den hh. Peter und Alexander in Aschaffenburg mit einer Beschreibung der dortigen Stiftskirche, Druckerei Thein, Würzburg, 1837, S. 72 f.

51 Aschaffenburger Geschichtsblätter Nr. 9 vom September 1935, S. 31

Die Dümpelsmühle bestand in ihrer ursprünglichen Erbauung lediglich aus einem Wohnhaus mit angebauter Mühle und kleiner Scheune mit Stallverschlag. Bis ins 17. Jahrhundert hinein wurde Landwirtschaft dort nur in geringfügigem Maß ausgeübt. Auch hielten die Beständer nur kleine Tierbestände, da die sog. Mühlenordnung hierfür strenge Bedingungen vorsah. Diese verlangte vom Müller u.a., es *„[...]sollen weder Schweine, Hühner, Gänse, Enten oder Tauben, noch einiges anderes Vieh oder Geflügel in die Mühle kommen, noch der Müller an solcher Zucht über die ihm erlaubte und bestimmte Anzahl für sich selbst halten.“*[52]

Die *Jurisdictionalbücher* des Kurfürsten Daniel (1576-1589) sprechen von fünf Mühlen in Hagen, von denen aber eine verfallen war. Weiterhin werden drei Mühlen genannt, die dem Kloster Schmerlenbach gehörten. Obwohl im 16. Jahrhundert mit der Dümpelsmühle also vier Mühlen in Betrieb waren, scheint die Anzahl der Mahlgäste ausgereicht haben, um alle Betriebe auszulasten. Als Johann Maurer Ende des 18. Jahrhunderts um Baugenehmigung der späteren Aumühle ersucht, wird sogar berichtet, dass die Müller Schweinheims außerstande seien, all die Frucht, die zu ihnen gebracht werde, zu mahlen. Die Bewohner seien dadurch gezwungen, ihr Getreide in Leidersbach mahlen zu lassen.[53]

Was das Mahlaufkommen einer Mühle anbelangt, ging man davon aus, dass ein Mahlgang bei durchschnittlichem Wasserlauf an einem Arbeitstag etwa 18 Scheffel Getreide mahlen konnte. An Sonn- und Festtagen und während des Gottes-

52 Krünitz, Johann Georg, Ökonomische Encyklopädie, Band 96, S. 374, Berlin 1804, S. 374

53 Vgl. Göbel, M., „Schweinheim – Ein Heimatbuch“, Kirsch Verlag, 1930, S 37 f.

dienstes durfte grundsätzlich nicht gemahlen werden. Außerdem galt es zu berücksichtigen, dass auch zahlreiche Arbeitstage eines Jahres ausschließlich durch Instandhaltung der Mühle in Anspruch genommen wurden. Man konnte daher von etwa 270 Tagen eines Jahres ausgehen, an denen tatsächlich gemahlen wurde.[54] So kam eine Mühle pro Mahlgang in einem Arbeitsjahr auf etwa 4860 Scheffel Getreide.

Nimmt man dieses Mahlaufkommen auch für die Dümpelsmühle an, brachte sie dem jeweils mit dem Zehnten belehnten Kanoniker jährlich etwa 480 Scheffel Getreide ein. So dürfte es sich also ungefähr um ein Zehntel der gesamten Zehnteinkünfte gehandelt haben, die Theodoricus de Wyler 1318 in Form von 4 Maltern (= 48 Scheffeln) an das Stift abtrat.[55]

In jedem Fall wird die Dümpelsmühle im 14. Jahrhundert zunächst über nur einen Mahlgang verfügt haben. Der später hinzugekommene Schwing- und Schälgang wurde vermutlich erst Ende des 18. bzw. Anfang des 19. Jahrhunderts eingerichtet.

Während gerade die Mühlen und Höfe dem Kollegiatstift beständige Einkünfte gesichert hatten, wurden die Stiftsgeistlichen während des Dreißigjährigen Krieges zahlreichen Wirrungen und Rückschlägen ausgesetzt, die allmählich schon den Niedergang des Aschaffenburger Kollegiatstiftes einläuteten.

---

54 Vgl. Lehrbegriff sämmelicher oeconomischer Cameralwissenschaften des ersten Theils, erster Band“, Mannheim, 1779, S. 484

55 Vgl. Göbel, M., „Schweinheim – Ein Heimatbuch“, Kirsch Verlag, 1930, S. 90

Als sich die Schweden 1631 der Stadt Aschaffenburg näherten, floh ein Großteil der Stiftsgeistlichen nach Mainz und von dort aus mit dem Kurfürsten nach Köln. Nachdem der schwedische König Gustav Adolf (1594-1632) die Stadt Aschaffenburg am 25. November 1631 in Besitz genommen hatte, wurden die zurückgebliebenen Kanoniker teilweise von ihren Höfen vertrieben und ihre Einkünfte und Renten einverleibt. Die geflohenen Geistlichen hatten lediglich Geld mitgenommen, alle zurückgebliebenen Naturalien, wie bspw. Getreide und Früchte, fielen nun aber in die Hände der Schweden und wurden vom schwedischen Proviantmeister Jesperson für die schwedische Armee beschlagnahmt.[56] Den stiftischen Beamten nahm man Bücher und Schlüssel ab, setzte einen eigenen Stiftsverwalter ein und beanspruchte ferner sämtliche Präbende. Den wenigen zurückgebliebenen Stiftsgeistlichen bedeutete man, dass sie alsbald die Stadt zu verlassen hatten. Als die schwedische Regentschaft schließlich endete, kam das Stift zwar wieder in den Besitz seines Eigentums und seiner Renten. Die in vielen stiftischen Anwesen geleerten Kornspeicher und Keller sorgten jedoch dafür, dass kaum Zehnt-Einkünfte eingebracht werden konnten. Die außerdem von der Stadt Aschaffenburg dem Stift auferlegte Beteiligung an Reparationszahlungen in Höhe von 3000 Reichsthalern konnte nicht aufgebracht werden, weshalb zunächst das gesamte Kirchensilber verpfändet wurde.[57]

Im Zuge der Türkenkriege forderte das Erzbistum Mainz schließlich ein Kopfgeld von 10 Gulden von den Stiftischen zur

---

56 Vgl. May, Jakob, Geschichte des vormaligen Kollegiatstiftes zu den hh. Peter und Alexander in Aschaffenburg mit einer Beschreibung der dortigen Stiftskirche, Druckerei Thein , Würzburg, 1837, S. 135

57 Vgl. May, Jakob, Geschichte des vormaligen Kollegiatstiftes zu den hh. Peter und Alexander in Aschaffenburg mit einer Beschreibung der dortigen Stiftskirche, Druckerei Thein , Würzburg, 1837, S. 138

Bekämpfung der Christenfeinde[58]. Dadurch noch mehr in wirtschaftliche Bedrängnis gebracht, begann das Stift einen Teil seiner Besitztümer zu verpfänden. Im Zugzwang, weitere Geldsummen beschaffen zu müssen, fiel auch die Dümpelsmühle im Jahr 1687 dem Aschaffenburger Spital[59] als Unterpfand zu.[60]

Auch wenn die Stiftseinkünfte infolgedessen nun stark gemindert waren, so stabilisierten sie sich durch Schenkungen und testamentarische Verfügungen in den folgenden Jahren nochmals etwas. Dem Kollegiatstift gelang es so auch, dass die Dümpelsmühle in seinem Besitz verbleiben konnte.

Von den Mühlen in Schweinheim, die dem Stift St. Peter und Alexander zugehörig waren, lag die Dümpelsmühle an der äußersten Gemarkungsgrenze Schweinheims.
Auf ihrem Hof findet sich heute noch ein *Dreimärker-Grenzstein*, der zu jeder seiner drei Seiten die zu Kurmainzer Zeit ausgeübten Herrschaftsrechte darstellt, die im Gebiet um die Dümpelsmühle aneinanderstießen und die einst zu entrichtenden Zehntabgaben markierten. Dieser Stein zeigt auf der einen Seite das Mainzer Rad, auf der zweiten Seite das Bildnis des Äbtissinnnenstabes für die angrenzenden Zehntrechte des Klosters Schmerlenbach und auf der dritten Seite die Buchstaben P.A.E.
Der genannte Dreimärker wurde in den 60er Jahren des 20. Jahrhunderts auf den Hof der Dümpelsmühle versetzt.

---

58 Vgl. May, Jakob, Geschichte des vormaligen Kollegiatstiftes zu den hh. Peter und Alexander in Aschaffenburg mit einer Beschreibung der dortigen Stiftskirche, Druckerei Thein , Würzburg, 1837, S.143

59 Herberge, auch Armenhaus des Stifts.

60 Spitalrechnung, Vgl. Aschaffenburger Geschichtsblätter Nr. 9 vom September 1935, S. 31

Den Familienunterlagen zufolge, entdeckte man ihn auf dem der Dümpelsmühle zugehörigen Grundstück mit der heutigen Flur-Nr. 11952, während in der Dokumentation *„Die Elterhöfe in Schweinheim"* davon ausgegangen wird, dass sich im Dörngraben, (Grenzgebiet von Haibach, dem Dörnhof und dem Elterhof) *„[...] früher ein entsprechender Grenzstein"* befand.[61] Weiterhin wird darin der Schluss gezogen, die Buchstaben stünden für P(eter), A(lexander) und E(lterhof) als Beschreibung für den Beginn der Gemarkung der Elterhöfe.[62] Eine andere Erklärung für die Abkürzung *„P.A.E."* liefert allerdings Professor Stephan Behlen in einem Schreiben an Franz Kreier aus dem Jahr 1842:

„[...] an Ihrer am Wege nach Gailbach gelegenen Mühlen finden wir noch den alten Herrenstein, aus der Blüthe des Collegiatstiftes, wehmüthig an glanzvolle Zeiten mahnend, daß dies die Stelle war, an der drei Lehensherrlichkeiten ausgeübt wurden; neben dem Stabe des Cisterzienserinnenklosters Schmerlenbach sind dies das Rad für Seine Erzbischöflichen Gnaden zu Mainz und die Buchstaben P(etri) A(lexandri) E(cclesiae Collegiale)."[63]

Demzufolge hat sich der besagte Dreimärker wohl bereits 1842 auf dem genannten, der Dümpelsmühle zugehörigen Grund-

---

61 Bachmann Heinz/ Hock-Dziura, Christel, Die Elterhöfe in Schweinheim, in der Jahresgabe des Heimat- und Geschichtsvereins Aschaffenburg-Schweinheim e.V., 2017, S. 6

62 Vgl. Bachmann Heinz/ Hock-Dziura, Christel, Die Elterhöfe in Schweinheim, in der Jahresgabe des Heimat- und Geschichtsvereins Aschaffenburg-Schweinheim e.V., 2017, S. 11

63 Abschrift eines Briefes des Professors für Naturgeschichte Stephan Behlen (1784-1847) an Franz Kreier vom 02.05.1842, Familienarchiv Kerz. Behlen hatte im Zuge seiner geschichtlichen Studien offenbar Kontakt zum Dümpelsmüller Kreier aufgenommen.

stück befunden.

Nach Besitznahme der weltlichen Macht, war die kurfürstlich-mainzische Herrschaft der *Decimator universalis*, der Haupteinnehmer der Zehnten in Schweinheim geworden, gefolgt vom Kollegiatstift St. Peter und Alexander und dem Kloster Schmerlenbach. Im Zuge der Schwedenkriege im 17. Jahrhundert waren die Zehntgrenzen teilweise verwischt und unklar geworden. So seien deshalb mehrfach *„Zehntbeständer einander in die Haar gekommen"*.[64] Deshalb ordnete man am 5. Dezember 1753 eine neue Versteinung des Zehentsdistrikts an, welche am 24.10.1754 begonnen wurde. Dieser wohnten bei: Georg Anton Wilhelmini, Oberkeller aus Aschaffenburg, Canonicus Balthasar von Weber, Cämmerer Ingnatius Leopold Franck und weiterhin, *„Schultheiß, Gericht, Vierechter, Aelteste des Dorfes Schweinheimb."*[65] Die Pläne für die festgelegeten Zehentdistrikte fertigte Johann Adam Kreß, *„geschworener Feldtmesser von Aschaffenburg."*[66] In den folgenden Jahren wurden insgesamt 53 Steine neu gesetzt.
Ein weiterer, zeitgleich aufgefundener Stein, deutet darauf hin, dass der Dreimärker der Dümpelsmühle aus dem Jahr 1767 stammt.[67]

64 Wirth, J. Dr., Aus Schweinheims Vergangenheit, in Aschaffenburger Zeitung vom 31.03.1939, S. 24

65 Ebd.

66 Ebd.

67 Der mit der Jahreszahl 1767 versehene Stein, befindet sich auch heute noch auf dem Hof der Dümpelsmühle.

Abbildung 3: „Dreimärker" auf der Dümpelsmühle - der Stein mit den Buchstaben „P.A.E.". Foto: Familienarchiv.

Im Zuge von Verwaltungsreformen wurde Schweinheim 1772 zum Sitz einer Amtsvogtei. Sie war zuständig für Rechtssprechungen in der ersten Instanz, für Polizei-, Ökonomie-, sowie Militärwesen und unterstand einem Amtsvogt. Zu ihr gehörten außerdem die Ortschaften Dettingen, Dörrmorsbach, Ebersbach, Gailbach, Glattbach, Goldbach, Grünmorsbach, Haibach, Hösbach, Keilberg, Kleinostheim, Mainaschaff, Oberbessenbach, Obernau, Stockstadt und Winzenhohl. Das Polizeiwesen der Vogtei Schweinheim war außerdem mit Durchführung der sog. *Mühlenschau* beauftragt, bei der in regelmäßigen Abständen Örtlichkeiten und der Mühlenbetrieb als solcher einer Kontrolle unterzogen wurden. In Schweinheim wurde die Mühlenschau jährlich durchgeführt und ab dem 19. Jahrhundert überwiegend am 1. Mai vorgenommen.[68]

Weitere Beständer auf der Dümpelsmühle waren 1688 schließlich Hans Conrad Helfrich, der ab 1734 von seinem Sohn Konrad Helfrich abgelöst wurde. Auf ihn folgte 1755 der Müller Sebastian Ziner *[Ziener]* (*1693).

Schon in den Jahren zuvor war das Kollegiatstift genötigt gewesen, einen Teil seiner Besitzungen zu verkaufen, um seinen Unterhalt, der von den geminderten Zehnt-Einkünften und Renten nicht mehr zu bestreiten war, zu gewährleisten. Auf der in stiftischem Besitz verbliebenen Dümpelsmühle wurde im Jahr 1799 mit Johann Heinrich Kaufmann ein neuer Pächter eingesetzt, der in den Akten fortan als *Müller auf der Dümpelsmühle* erwähnt wird. Zeitgleich wurde der aus einem österreichischen Adelsgeschlecht stammende Freiherr Erstenberger zum Freyenthum mit dem Zehnten der Dümpelsmühle be-

68 Vgl. Geschäftskalender für die Kgl. Bay. Landgerichte, München, 1819, S. 14

lehnt.[69]
Als Johann Maurer 1799 die spätere Aumühle erbauen möchte, legt der Dümpelsmüller Johann Heinrich Kaufmann Widerspruch ein, da seine Mühle durch den Neubau Schwellwasser bekäme. Dem Protest schloss sich auch der Vicedomamtsschreiber Kleiner an, der befürchtete, dass die mit 1700 Gulden beliehene Dümpelsmühle Schaden nehme und im Wert gemindert werde. Das Vicedomamt handelte im Interesse des Kollegiatstifts und dessen Liegenschaften, weshalb sich auch die behördliche Unterstützung von Kaufmanns Protest erklären lässt. Auch weitere Schweinheimer Nachbarn fürchteten um ihre umliegenden Äcker. Dennoch erhielt Maurer nach einem Gutachten eines Sachverständigen aller Einwände zum Trotz die Genehmigung zur Errichtung seiner Mühle, die 1801 ihren Mahlbetrieb aufnahm.

1802 beabsichtigte der Dümpelsmüller Kaufmann, das aus warmen Quellen kommende Dörnbachwasser in seinen Mühlbach umzuleiten. Sein Gesuch begründete er damit, dass der dadurch zu erlangende Vorteil nicht nur ihm, sondern vor allem auch allen Mahlgästen zu teil werde. Das aus warmen Quellen stammende Wasser würde ihm auch im strengsten Winter und heißesten Sommer ermöglichen, die Bevölkerung witterungsunabhängig stets mit hervorragender Mehlqualität zu versorgen. Die Elterhöfer, die eine Schädigung in ihrer Wiesenbewässerung fürchteten, stritten dagegen und erreichten schließlich, dass dem Gesuch nicht stattgegeben wurde.[70]

---

69 Vgl. Stadt- und Stiftsarchiv Aschaffenburg, Belehnung des Freiherrn von Erstenberger zum Freienthurm mit dem stiftischen Zehnten am Keilberg, zu Unterafferbach, zu Unterbessenbach, vom Elterhof, von der Dümpelsmühle zu Schweinheim und Haibach, Signatur 811

70 Vgl. Göbel, „Schweinheim – Ein Heimatbuch“, Kirsch Verlag, 1930, S. 36 ff.

Durch den mit dem Zehnten der Dümpelsmühle belehnten Freiherrn wurden im Jahr 1809 umfangreiche Erweiterungs- und Umbaumaßnahmen finanziert und im Zuge dessen u.a. das alte Mühlhaus erweitert. Der Schlussstein, den Kaufmann bei Abschluss der baulichen Veränderungen setzte, mit seinen Initialen und der Jahreszahl 1809 versah, ist bis heute auf der Dümpelsmühle – an eine andere Stelle versetzt – erhalten geblieben.[71]
Der Reichsdeputationshauptschluss im Jahr 1803 und die damit verbundene Säkularisation bedeutete auch das Ende des Kollegiatstifts St. Peter und Alexander. Der Mainzer Erzbischof Carl Theodor von Dalberg (1744-1817) löste das Aschaffenburger Kollegiatstift auf und bestimmte die Einkünfte aus dem Stiftsvermögen für die ab 1808 von Mainz nach Aschaffenburg verlegte Landesuniversität. Nachdem Aschaffenburg 1814 zu Bayern kam, fiel auch das Stiftsvermögen an das Königreich Bayern.

Die Liquidierung des Stiftsvermögens fiel in die Zeit der großen Hungersnot in Bayern in den Jahren 1816/17. Das Jahr 1816 sollte als *„Jahr ohne Sommer“* und *„Achtzehnhundert und erfroren“* in die Geschichte eingehen. Die Ursache für diese Klimastörung lag in einem Vulkanausbruch verheerenden Ausmaßes auf der indonesischen Insel Sumbawa am 5. April 1815. Die Aschekugel, die in den folgenden Monaten über die nördliche Erdhalbkugel wallte, brachte Verderben, Hunger und Tod. Im Frühjahr kamen die ersten Folgen in Bayern an. Der Himmel blieb den gesamten Frühling hindurch wolkenverhangen und ließ kaum einen Sonnenstrahl durch.

71 Der Schlussstein befindet sich heute rechts unterhalb des Turmanbaus am ehemaligen Wohn- und Gasthaus. Er war nach Abbruch des alten Mühlhauses im Jahr 1962 dorthin versetzt worden.

Der Sommer kam mit frostigen Temperaturen wie im Dezember und mitten im August schneite es plötzlich. Der von den napoleonischen Kriegen ohnehin schon ausgezehrten Bevölkerung wurde ihre Lebensgrundlage genommen, in dem Kälte und Frost sämtliche Ernten vernichteten.

Auch der Dümpelsmüller Johann Heinrich Kaufmann musste um seine Existenz bangen. Der Mahlbetrieb war gänzlich zum Erliegen kommen. Als er nun im Jahr 1819, nachdem er bereits seit zwanzig Jahren die Dümpelsmühle bewirtschaftet hatte, die Möglichkeit erhielt, das Anwesen käuflich zu erwerben, fehlten ihm die erforderlichen Mittel. Die Liquidierung des Stiftsvermögens zwang ihn schließlich, die Dümpelsmühle Ende des Jahres 1819 zu verlassen.[72]

So endete auch die Geschichte der Dümpelsmühle als stiftisches Anwesen, das es fünfhundert Jahre lang gewesen war. Der Reichsdeputationshauptschluss löste 1803 das Obere Erzstift auf und aus den verbliebenen rechtsrheinischen Gebieten von Kurmainz ging das *Fürstentum Aschaffenburg* hervor. Unter Napoléon I. (1769-1821) wurde es bereits 1810 dem Großgherzogtum Frankfurt einverleibt, in welchem es das *Departement Aschaffenburg* bildete. Im Jahr darauf erhielt es eine nach französischem Vorbild erlassene Verfassung. Infolge der Befreiungskriege und insbesondere der Völkerschlacht bei Leipzig im Jahr 1813, bei der die napoleonischen Truppen vernichtend geschlagen wurden, zerfiel das Großherzogtum Frankfurt. 1814 kam das Gebiet des ehemaligen Departements Aschaffenburg schließlich zur Krone Bayerns.

72 Familienarchiv.

Die Zeit der Familie Amend: 1820-1839

Der erste Eigentümer nach Auflösung des Kollegiatstiftes und damit auch der erste freie und unabhängige Müller auf der Dümpelsmühle, war der aus Urspringen stammende Müllermeister Sebastian Amend (1769-1821), der das Anwesen zu Beginn des Jahres 1820 erwarb.

Ohne den Mahlbetrieb überhaupt aufgenommen zu haben, starb er jedoch bereits im folgenden Jahr. Es waren unbeständige Zeiten, in denen sein Sohn Karl Ignaz Amend (*06.01.1798 in Lohr am Main) den Hof übernahm und den Mühlenbetrieb, der seit 1819 geruht hatte, wieder aufnahm. Obwohl die Zuordnung der Mahlgäste durch die Mühlenordnung auch nach der Säkularisation weiterhin ihre Gültigkeit hatte, blieb das Mahlaufkommen gering. Bereits in den frühen 1830er Jahren konnte Amend kaum genügend Erträge erwirtschaften, um seine Frau, seine verwitwete Mutter, sowie sechs Kinder zu ernähern.[73] Seit 1832 war das Anwesen mit Hypothekenschulden bereits stark belastet. Am 16. August 1834 wurde auf der Dümpelsmühle eingebrochen und *„mittels einsteigen“* u.a. *„eine zweigehäusige englische Sackuhr, ein Uhrgestell aus Holz und vergoldetem Messing, eine stahlblaue tuchene Kappe und ein baumwollenes Mannshemd mit franzö-*

73 Familienarchiv.

sischen Ärmeln, sowie ein Mehlsack mit K.A. und oberschlächtigem Rade" entwendet.[74]

Es ist denkbar, dass die Gläubiger Amends inzwischen Versuche unternahmen, auf unrechtmäßigem Wege ihre Forderungen gegen ihn einzutreiben. Im Jahr 1835 war er schließlich offiziell zahlungsunfähig geworden. Dennoch erreichte er, die anberaumte Zwangsversteigerung durch den Verkauf einiger Äcker im letzten Moment abzuwenden.[75] Es gelang ihm aber letztendlich nicht, mit seinen Gläubigern eine Lösung zu finden. Als 1838 die Schuldenlast erdrückend wurde, ließen seine Hypothekengläubiger die Versteigerung des Besitzes ansetzen:

Zur Versteigerung kamen sein *„[...] zweistöckiges Wohnhaus sammt Scheuer und Umgriff, nebst zwei Grundstücken zu 6 Viertel und 9 Viertel 24 Ruthen*[76]*, mit einer Mahlmühle, bestehend aus einem Mahl-, Schäl- und Schwinggang, worauf nebst den gewöhnlichen Schatzungen noch 2 Maas Korn Wasserfall haften [...]"*[77]

Am 15. Oktober, dem Tag der Versteigerung, hatte Amend nun doch wieder *„die nöthigen Geldmittel aufgetrieben, um die Versteigerung im allerletzten Momente nochmalig zu verhindern."*[78] Dies verschaffte ihm allerdings nur einen kurzen zeitlichen Aufschub. Im folgenden Jahr, am 28. Oktober 1839, ließen sich seine Gläubiger nicht mehr hinhalten und die Versteigerung wurde im Auftrag des kgl. Landgerichts in Schwein-

74 Allgemeiner Anzeiger für das Königreich Bayern vom 22. August 1834

75 Vgl. Aschaffenburger Zeitung vom 19. Februar 1835

76 Insgesamt etwa 10.000 m²

77 Aschaffenburger Zeitung vom 12. September 1838

78 Familienarchiv.

heim auf dem Gemeindehaus abgehalten.[79]

Auch nach der Versteigerung blieb Karl Amend in Schweinheim ansässig. Seine Wohnung wird im Jahr 1842 mit Hs-Nr.66, sein Beruf mit Mehlhändler angegeben.[80]

Meistbietend bei der Versteigerung der Dümpelsmühle blieb der ledige Müllermeister Franz Kreier (1801-1874)[81], der aus Rasdorf bei Hünfeld in Hessen stammte. Das Mühlenhandwerk hatte er bereits von seinem Vater, Konrad Kreier, der in Kurhessen selbst eine Mühle besaß, erlernt. Auf seiner Walz in den späten 1820er Jahren war er nach Schweinheim gekommen und hatte dort einige Jahre auf der Miltenberger Mühle (Hs.-Nr. 7) gelebt und gearbeitet.[82] Spätestens ab Januar 1830 ist sein Wohnsitz in Schweinheim nachweisbar, als er für den Sohn der Eheleute Peter und Catharina Brunner (Hs.Nr. 6 ½) Pate stand.[83] Während der Zeit als Mühlknecht bei Georg Johann Miltenberger, starb Franz Kreiers Vater. Da er aber nicht beabsichtigte, nach Hessen zurückzukehren, verkaufte er im Jahr 1838 sein elterliches Gut.

Es scheint einleuchtend, dass Kreier - nun in Besitz des Geldes, das aus dem Verkauf seiner väterlichen Mühle stammte - nicht dauerhaft in Diensten des Müllers Miltenberger verbleiben wollte. Da ihm Schweinheim sicher aber zur Heimat geworden

79 Vgl. Intelligenzblatt von Unterfranken und Aschaffenburg, No. 73, 1839, S. 3070 und S. 3136

80 Vgl. Taufmatrikel Schweinheim für das Jahr 1842, Eintrag vom 27.11.1842, Diözesanarchiv Würzburg.

81 Die Schreibweise des Namens findet sich in alten Aktenbeständen gelegentlich auch als „Kreyer“ oder seltener als „Greier“.

82 Familienarchiv.

83 Vgl. Taufmatrikel Schweinheim für das Jahr 1830, Diözesanarchiv Würzburg.

war, kam für ihn die Versteigerung der Dümpelsmühle im Jahre 1839 gerade zur rechten Zeit.

Der Wert des Anwesens war 1838 auf etwa 2500 Gulden geschätzt worden[84], erzielte aber durch Beteiligung mehrerer Interessenten letztendlich einen Preis von 3000 Gulden.[85]

84 Vgl. Allgemeiner Anzeiger des Königreichs Bayern, Nr. 69, 1838, S. 99
85 Familienarchiv.

Die Zeit des Franz Kreier: 1839-1874

Der Übergang des Anwesens in den Besitz des Franz Kreier markiert einen bedeutenden Einschnitt in der weiteren Geschichte der Dümpelsmühle, die fortan erstmals seit ihres Bestehens für fünf Generationen und 180 Jahre im Familienbesitz verbleiben sollte. Die Gebäude- und Hofflächen der Dümpelsmühle umfassten ohne umliegende Äcker und Wiesen um das Jahr 1840 etwa 9 Ar.[86] Bei der Bevölkerungsaufnahme des Jahres 1840 werden genannt:

Franz Kreier, Müller; Philipp Zier, Knecht; Johann Stein, Pflegedkind.[87] Außer dem Pflegekind Stein ermöglichte Kreier bis zum 1848 noch fünf weiteren jungen Männern das Mühlhandwerk bei ihm zu erlernen.[88]

Nicht lange, nachdem Kreier die Dümpelsmühle erworben hatte, wurde eine neue Mühlenordnung erlassen.[89] Um diese Auflagen erfüllen zu können, war er vor Aufnahme des Mühlbetriebes, der durch den Vorbesitzer Amend in einen schlechten

86 Etwa 900 Quadratmeter.

87 Vgl. Stadt- und Stiftsarchiv Aschaffenburg, Personenstand Gemeinde Schweinheim – No. 284, Aufnahme der Bevölkerung.

88 Familienarchiv.

89 Vgl. Erlass der neuen Mühlenordnung der Königliche Regierung von Unterfranken und Aschaffenburg durch die Kammer des Innern in Vertretung durch Graf Fugger, Würzburg, Juni 1842.

Zustand gekommen war, gezwungen, das marode Räderwerk und die Mühlsteine vollständig auszutauschen. Außerdem erweiterte er die Mühle um einen zusätzlichen Mahlgang. Am 12. August 1842, nachdem er bei der Aufsichtsbehörde die nachstehenden Statuten durch seine Unterschrift akzeptiert hatte, konnte der reguläre Mahlbetrieb aufgenommen werden.

Erklärung zur Aufnahme des Mühlenbetriebes auf der Dimpelsmühle bei Schweinheim durch den Müllermeister Franz Kreier, allda.

Die Einrichtung der Mühle muss von der Art sein, dass nach dem Urtheile Sachverständiger hieraus für das zu mahlende Getreide kein Nachtheil entsteht. Insbesondere soll:

- *der Müller das Mahlwerk in gutem und alle hierzu gehörigen Geräthschaften in brauchbarem Zustande erhalten, sich mit einem Vorrathe guter Beuthel für jede Gattung Mehl versehen, die Steine in gehörigen in Zwischenräumen, längstens nach zweimal 24stündigem Mahlen anhhalten, schärfen und alsdann durch Aufschüttung von Kleien und Spitzkörnern gehörig reinigen.*
- *Die Mühlsteine müssen die Zärte mit der Festigkeit verbinden, die Schärfung halten und keinen Sand gehen lassen.*
- *Keiner der Mühlsteine darf eine Erhöhung oder Vertiefung haben, vielmehr müssen beide ganz gleich sein.*

- *Das Räder- und Triebwerk muss so genau passen, daß man in der Mühle kein unordentliches allzu starkes Gekrächze, Klappern und Getöse höre.*
- *Zur Controlle einer genauen Beachtung allerzur zweckmäßigen Mühleneinrichtung nöthigen Erfordernisse hat die Polizei-Behörde wenigstens einmal im Jahre mit Beiziehung von Sachverständigen eine Visitation der Mühlen vornehmen zu lassen, die entdeckten Mängel zu untersuchen und nach Befund strafend einzuschreiten.*
- *Über die zur Mühle gebrachten Früchte soll der Müller ein genaues Verzeichnis führen und in dasselbe eintragen: den Tag, Monat und das Jahr, wann die Früchte ihm gebracht wurden, oder er sie abholte, den Namen und Wohnort des Mahlgastes, Quantität und Gattung der Früchte, Tag, Monat und Jahr, wann das Mehl abgeliefert wurde, Quantität vom abgelieferten Mehle, von der Kleie, sowie jene des Staubmehles.*
- *Die Mahlgäste müssen in der Regel nach derjenigen Ordnung, in welcher sie ihr Getreide brachten, abgefertigt werden. Sie sind berechtigt, das Mehl von ihrem eingelieferten Getreide zu verlangen.*
- *Der Müller hat eine genau regulierte Waage zu halten. Unrichtige Waagen unterliegen der Consistation und der Müller, der sie besitzt, einer Geldstrafe. Der Müller ist verbunden, auf Verlangen des Mahlgastes das Mehl im Beisein des letzteren in der Mühle vorzuwiegen.*
- *Dem Müller ist bei einer Geldstraf von 50 fl. unter-*

sagt, andere als von allem Unrathe gereinigte Früchte zu vermahlen.

- *Unreines, sandiges, knisterndes oder sonst verdorbenes Mehl soll auf Anzeige des Mahlgastes und nach Befund dem Müller heimgeschlagen oder vernichtet, auch derselbe angehalten werden, nach Verlangen des Mahlgastes entweder reines Mehl für das verdorbene zu liefern, oder die entsprechende Entschädigung nach Feststellung der Polizei-Behörde in Geld zu leisten.*

- *Der Müller ist verbunden, jedem Mahlgaste von einem bayerischen Scheffel Korn oder Roggen, welcher im Durchschnitte zu 280 Pfund angenommen wird, nach Abzug von 17 ½ Pfund Mahlmitze*[90] *und 2 ½ Pfund Mehlstaub – Verstaubung in der Mühle - zu liefern: 40 Pfund Kleie und schwarze Ware und 220 Pfund reines Backmehl.*

- *Außer der Mitze haben die Mühlgäste den Mühlknechten zwei Kreuzer Trinkgeld per Scheffel Roggen oder Weizen zu entrichten.*

- *Der Müller ist verbunden, das Getreide der Mahlgäste abzuholen und das Mehl zu bringen, ohne daß sie hierfür eine Vergütung in Anspruch nehmen könnten. Nur für den Fall, dass das Getreide oder Mehl auswärtiger Mahlgäste über drei Stunden weit verfahren werden muss, gebührt ihnen für je eine Stunde des Weges sechs Kreuzer per Scheffel.*

---

90 Mahlmitze bezeichnete den dem Müller zustehenden materiellen Lohn und somit seinen Anteil am gemahlenen Getreide.

- *Jede weitere Forderung des Müllers oder seiner Knechte ist strenge untersagt und zu bestrafen.*
- *Die zur Aufrechterhaltung vorstehender Anordnungen zuständigen Polizeibehörden haben bei Untersuchungen wegen Übertretungen derselben, wo erforderlich, Sachverständige zu vernehmen und gegen die Übertreter mit Geldstrafen einzuschreiten*

Gelesen und anerkannt

1842 den 12. Aug.

Franz Kreier, Müllermeister[91]

Am 25.10.1849 heiratete Franz Kreier mit 48 Jahren schließlich die Witwe des zweiten Schweinheimer Schullehrers Konrad Rücker (Beiname: *„Schuler-Rücker"*), Elisabeth geb. Staudt (1801–1863). Zum Zeitpunkt der Heirat sah sich die Witwe in einer verzweifelten Lage. Bereits seit Beginn des Jahres 1844 hatte ihr verstorbener Mann die Gehaltsrückstände bei der Schulpflege angemahnt. Die Rückstände reichten zurück bis ins Jahr 1841 und betrugen damals bereits 362 Gulden.[92] Obwohl er mit Klage beim königlichen Landgericht Aschaffenburg gedroht hatte, wurde er auch weiterhin hingehalten. Im Mai 1847 notierte der Schulpflegschaftsrat auf Rückers Monierungen, dass er den Trost erhalte *„bei der nächsten Holzversteigerung ganz befriedigt zu werden"*.[93] Als Rücker schließlich überraschend starb, schien die Lage der Witwe, deren gesamtes Vermögen aufgebraucht war, aus-

91 Familienarchiv.

92 Vgl. Stadt- und Stiftsarchiv Aschaffenburg, Schulprotokollbuch der Gemeinde Schweinheim.

93 Ebd.

sichtslos. Sie stand mit acht Kindern, von denen vier noch minderjährig waren, allein. Weiterhin galt es, dem 19jährigen Sohn Franz die Ausbildung zu finanzieren, der bereits als *„Candidat der Philosophie am Lyceum zu Aschaffenburg“*[94] eingeschrieben war.

Sowohl die Übernahme der Dümpelsmühle durch Franz Kreier, als auch seine Heirat mit der Witwe Rücker, gaben in Schweinheim Anlass zu mancherlei Spekulation. Sicherlich spielten Missgunst und Argwohn gegen einen Müller im Allgemeinen genauso eine Rolle, wie der Umstand, dass man über Kreiers Vergangenheit nicht viel wusste. Zu merkwürdig erschien es in Schweinheim, dass aus dem einst auf der Miltenberger Mühle arbeitenden Knecht der gutsituierte Mühlenbesitzer geworden war. So kursierten abenteuerliche Gerüchte, er sei ein *„[...]Millionär, der in Amerika auf geheimnisvollen Wegen seinen Reichtum erlangt habe.“*[95] Kreier verfügte zwar durch sein elterliches Erbe über ein nicht unbeträchtliches Vermögen in Höhe von etwa 5000 fl., in Amerika war er jedoch nie gewesen.[96] Die Spekulationen über das Vermögen des Müllers wurden noch weiter geschürt, als die inzwischen auf der Dümpelsmühle wohnenden Stiefkinder des Franz Kreier im Winter mit einer vierspännigen Kutsche zur Schule gefahren

94 Studierenden Anmeldungs-Quittung vom 27.9.1849 für das kgl. Bayr. Lyceum, Familienarchiv.

95 Handschriftliches Fragment aus dem „Haus und Hofbuche F. Kreier auf der Dümpelsmühle“, Familienarchiv.

96 Tatsächlich war im Jahr 1846 aus Kreiers Geburtsort Rasdorf ein Franz Kreier nach Amerika ausgewandert. Es handelt sich dabei allerdings lediglich um eine Namensgleichheit. Der Dümpelsmüller Kreier bewirtschafte zu diesem Zeitpunkt bereits seit sechs Jahren die Dümpelsmühle.

wurden.[97]

In der Tat hatte Kreier den Mühlenbetrieb zu einem gutflorierenden Geschäft entwickelt und war finanziell abgesichert. In den folgenden Jahren erweiterte er zunächst die Stallungen und widmete sich fortan auch ausgiebig der Rinder- und Pferdezucht. 1853 prämierte ihn das Kreis-Landwirtschafts-Fest Aschaffenburg mit einer Auszeichnung für *„[...] eine Stute, braun, ohne Abzeichen, 16 ½ Faust hoch, 2 ½ Jahr alt."*[98]

Das Kreis-Landwirtschafts-Fest wurde auch von einem kgl. bayerischen Rittmeister besucht, der auf das prämierte Pferd aufmerksam wurde und diesbezüglich mit Kreier in Kaufverhandlungen trat. Nachdem sich beide Parteien einig geworden waren, wechselte die Stute ihren Besitzer.[99]

Im Jahr 1854 erbaute er ein Backhaus, in dem er fortan auch eine Bäckerei betrieb, wodurch er geschickt die Weiterverarbeitung des Mehls zu weiteren geschäftlichen Möglichkeiten nutzte. Seine 1855 eröffnete Sommerwirtschaft[100] war der erste gastronomische Betrieb auf der Dümpelsmühle seit Bestehen des Hofes überhaupt.

Kreier war auch der Erbauer des mit Schlussstein und Jahreszahl „1866" versehenen Felsenkellers mit Sandsteinfassade, der bis heute erhalten geblieben ist.

---

97 Besonders die Geschichte mit den Kindern, die in einem vierspännigen Wagen in die Schule kutschiert wurden, erzählte man in Schweinheim noch im ausgehenden 20. Jahrhundert.

98 Organ für die Interessen der Technik, des Handels, der Landwirthschaft und der Armenpflege, Würzburg, 1853 S. 496

99 Familienarchiv.

100 Ebd.

Im Jahr 1858 unterhielt Franz Kreier häufig Kontakt mit dem kgl. bayerischen Rittmeister, an den seit 1855 zwischenzeitlich drei Pferde verkauft worden waren. Wie sich herausstellte, waren die Tiere durch ihn in *„königlichem Auftrage“* erworben worden. Der Rittmeister hatte von den *„vortrefflichen Zuchtthieren“*, welche er *„dortselbst [Anm. d. Verf.: auf der Dümpelsmühle] vorgefunden habe“*, nach München Bericht gegeben.[101]

Nur aufgrund dieser Vorkommnisse lässt sich auch ein erhalten gebliebenes Schreiben von Franz Kreier an seine Schwester, Katharina Reinhart[102], geb. Kreier (1805-1880), in Bodenheim erklären:

„Dümpels-Mühle
1. August 1858

Theuerste Schwester!

Ich will Dir in Eile die Mittheilung machen, daß Seine Majestät, der König von Baiern, beabsichtigt, noch diesen Monat meinem Gut seine Aufwartung zu machen. Deiner gefälligen Antwort, ob Du abkömmlich bist, sehe ich alsbald entgegen.

Ich würde gewiß zeitlebens dafür dankbar sein.

Dein Bruder Franz Kreier“[103]

---

101 Schreiben des Rittmeisters Albert an Franz Kreier vom 23.02.1858, Familienarchiv.

102 Häufig wurde der Name auch *„Reinhard“* geschrieben. Da innerhalb der Familie jedoch die Schreibweise *„Reinhart“* üblich war, wird diese im weiteren Verlauf verwendet.

103 Schreiben des Franz Kreier an seine Schwester Katharina Reinhart vom

Offenbar war Franz Kreier hoher Besuch angekündigt worden, bei dem die Stallungen, aus denen Pferde für den königlichen Privatbesitz erworben worden waren, persönlich in Augenschein genommen werden sollten. Tatsächlich traf König Ludwig I. am 9. August 1858 für einen mehrwöchigen Aufenthalt in Aschaffenburg ein und nahm u.a. König Otto von Griechenland am 24. August 1858 persönlich am Aschaffenburger Hauptbahnhof im Empfang.[104]

Kreier hoffte offensichtlich, dass seine Schwester zwecks Besuchsvorbereitungen zu ihm auf die Dümpelsmühle reisen würde, zumal seine Frau zum damaligen Zeitpunkt bereits kränklich war. Dass der bayerische Regent tatsächlich persönlich auf die Dümpelsmühle kam, erscheint unwahrscheinlich; auch, ob der Besuch durch einen königlichen Abgesandten absolviert wurde, lässt sich bedauerlicher Weise nicht mehr klären - im Zusammenhang dieses Ereignisses ist keine weitere Korrespondenz erhalten geblieben.

01.08.1858, Familienarchiv.

104 Vgl. Aschaffenburger Zeitung, Ausgabe vom 09.08.1858

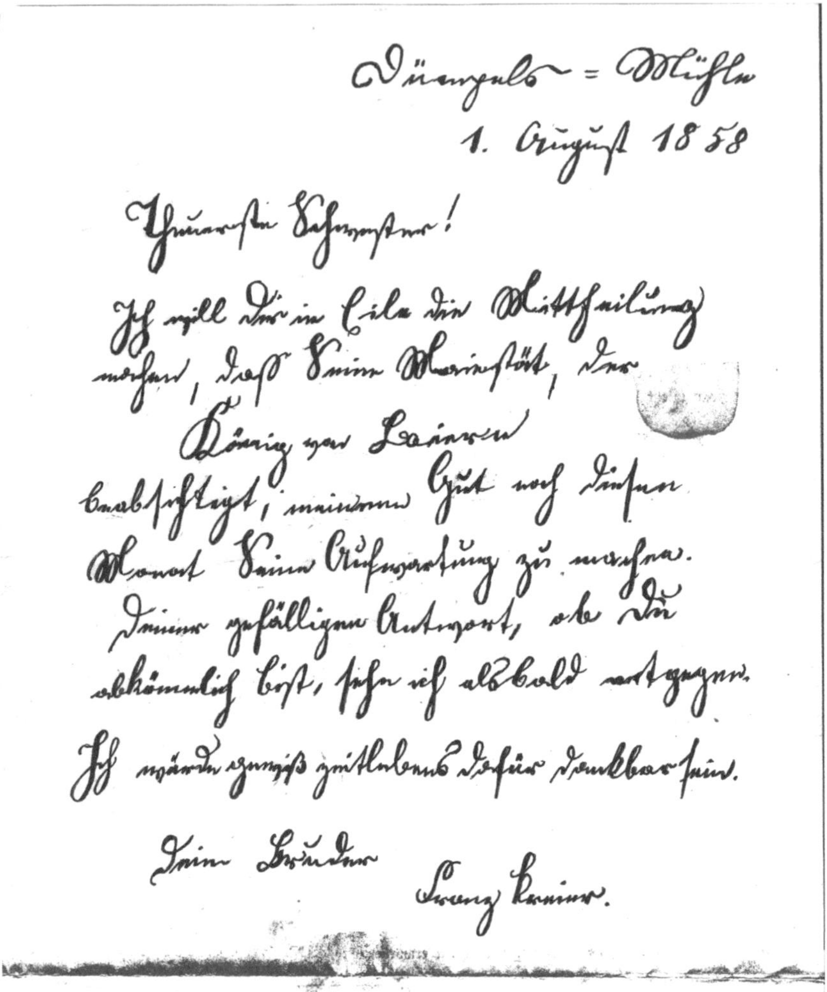

Dürrengeld = Mühle
1. August 1858

Theuerste Schwester!

Ich will Dir in Eile die Mittheilung machen, daß Seine Majestät, der König von Bayern beabsichtigt, meinem Gut noch diesen Monat Seine Aufwartung zu machen. Deiner gefälligen Antwort, ob Du abkömmlich bist, sehe ich alsbald entgegen. Ich würde gewiß zeitlebens dafür dankbar sein.

Dein Bruder
Franz Kreier.

Abbildung 4: Brief des Franz Kreier vom 1. August 1858 an seine Schwester Katharina Reinhart bezüglich seines erwarteten hohen Besuches. Familienarchiv.

Abbildung 5: Franz Kreier in den 1860er Jahren. Interessant ist dabei, dass es sich um keine Studiofotografie handelt. Hinter Kreier scheint als Hintergrund eine Art Leintuch gespannt zu sein. Es ist anzunehmen, dass das Foto von einem Wanderfotografen auf der Dümpelsmühle aufgenommen wurde. Foto: Familienarchiv.

Das zunehmende Alter erschwerte Franz Kreier jedoch mehr und mehr die Bewirtschaftung des großzügigen Anwesens. Seine Ehe mit der Witwe Rücker war kinderlos geblieben. Um das Jahr 1862 unternahmen die Stiefkinder den Versuch, Kreier dazu zu bewegen, die Dümpelsmühle an sie zu übergeben. Als dieser sich weigerte, nahm sich der älteste Stiefsohn gar einen Anwalt und führte als Grund an, *„[...] daß, wenn die bereits kränkliche Mutter durch Tod abgegangen sei, und wenn der Mühlbesitzer Kreier als Längstlebender übrig bleibe, kein Erbanspruch für die Kinder an der Dimpelsmühle entstehen würde, weshalb diese um ihren mütterlichen Erbtheil gebracht, der diesen durch die Ehe der Mutter auch von dem Mühlanwesen zustünde, und aufs Empfindlichste geschädigt würden.“*[105]

Nachdem die Mutter tatsächlich kurz darauf starb, setzte Kreier letztendlich doch seine Stiefkinder als seine Erben ein. Ob er dies aufgrund eines anhängigen Rechtsstreits tat, oder deshalb, weil er die Hoffnung hegte, von seinen Stiefkindern dadurch versorgt zu werden, ist nicht bekannt. Von den inzwischen allesamt erwachsenen Kindern blieb jedoch keines auf der Dümpelsmühle. Mit über 70 Jahren und hinfällig geworden, sah sich Kreier nicht mehr in der Lage, seinen Mühlenbetrieb aufrecht zu erhalten. So wandte er sich abermals an seine einzige Blutsverwandte, seine Schwester Katharina, die in Bodenheim bei Mainz mit dem bereits verstorbenen Chausseegelderheber[106] Matthäus Reinhart (1806–1864) verheiratet ge-

105 Schreiben des Advocaten Meyer vom 05.01.1863 im Auftrag des Franz Rücker, Familienarchiv.

106 Barriereempfänger/ Zöllner; Vgl. auch Landesarchiv Speyer, Gemeindearchiv Bodenheim, No. 21/ 3: Die Widersetzlichkeit des Aaron Mayer zu Bodenheim gegen den Chausseegelderheber Matthäus Reinhard daselbst bei Ausübung seiner Funktion.

wesen war. Neben dessen Position als Zöllner, war Reinhart außerdem Salzauswieger der Gemeinde Bodenheim gewesen. Der Salzhandel war strengen Regelungen unterstellt, da die regional sehr unterschiedlichen Preise das Salz zu einem beliebten Schmugglergut gemacht hatten. Seine Ehefrau, Katharina Reinhart, führte in Bodenheim eine kleine Kolonialwarenhandlung. Aufgrund der Stellung ihres Mannes hatte sie als erstes Lebensmittelgeschäft die Konzession zum Verkauf von Salz erhalten. Es war das erste Speisesalz, das es Mitte des 19. Jahrhunderts in der Bodenheimer Umgegend zu kaufen gegeben hatte.[107]

Nachdem sie inzwischen verwitwet war und aus Altersgründen ihr Geschäft aufgegeben hatte, beabsichtigte sie, der Bitte ihres Bruders Franz Kreier folge zu leisten und zu ihm auf die Dümpelsmühle umzusiedeln.

---

107 Familienarchiv.

Abbildung 6: Katharina Reinhart, geb. Kreier (1805-1880), die Schwester des Dümpelsmüllers Franz Kreier. Frühe Fotografie aus den 1850er Jahren. Foto: Sammlung Anette und Gertrud Orth.

Abbildung 7: Katharina Kerz, geb. Reinhart (1844-1916), Nichte von Franz Kreier. Foto: Sammlung Anette und Gertrud Orth.

Anfang des Jahres 1874 machte sie deshalb gemeinsam mit ihrer Tochter Katharina Kerz, geb. Reinhart (1844-1916) einen Besuch in Schweinheim. Bei diesem Aufenthalt schloss Kreiers Nichte Katharina das Mühlenanwesen und das reizende Gailbacher Tal sofort ins Herz.

Doch die Entscheidung, mit der Mutter nach Schweinheim zu gehen, oblag nicht ihr allein. Seit 1872 war sie mit Johann Baptist Kerz (1842–1897) verheiratet.

Kerz entstammte einer wohlhabenden Familie in Bodenheim, die ein Hofgut[108] mit ausgedehnter Landwirtschaft und zahlreichen Weinbergen besessen hatte. Katharina versuchte schon anlässlich des ersten Besuches ihren Mann davon zu überzeugen, gemeinsam mit der Mutter nach Schweinheim zu gehen und den Mühlenbetrieb und Landwirtschaft des Onkels zu übernehmen. Kerz jedoch war in Bodenheim stark verwurzelt und konnte den Überlegungen nur wenig abgewinnen. Ohne eine Entscheidung gefällt zu haben, reiste man im Frühjahr 1874 wieder nach Bodenheim ab.

Franz Kreier starb schließlich überraschend am Pfingstsonntag, den 24. Mai 1874 im Alter von 72 Jahren, ohne dass seine Nichte noch einmal Gelegenheit erhalten hatte, mit ihm zu sprechen. Nur wenige Tage darauf reichten dessen Stiefkinder das in ihrem Besitz befindliche Testament, in welchem sie zu den Erben des Franz Kreier berufen waren, beim Nachlassgericht ein.[109]

Am 9. Juni 1874 erschienen die ersten Ankündigungen der Er-

---

108 Es handelt sich dabei um einen Gutshof, der ehemals die Vogtei Bodenheims beherbergte.

109 Vgl. Eröffnung der Nachlassangelegenheit des verlebten Mühlbesitzers Franz Kreier von hier, 27.05.1874, Familienarchiv.

ben in der *Aschaffenburger Zeitung*, in denen sie mitteilten:

„Ausschreiben.

Die Erben des Mühlbesitzers Franz Kreyer zu Schweinheim lassen das Grundvermögen öffentlich versteigern.

am Montag, den 22. Juni d. Js., vormittags 9 Uhr, auf dem Amtszimmer des kgl. Notars Bayer in Aschaffenburg die sogenannte Dimpelsmühle, eine Getreidemühle mit zwei Mahlgängen, Bäckerei und Sommerwirthschaft, zunächst der Würzburger Straße, ¾ Stunden von Aschaffenburg, bestehend in Wohnhaus nebst Ökonomiegebäuden, Plan-Nr. 3127 zu 374 Dezimalen und hierzu 4 Tagw. 400 Dezimalen Garten, Wiesen und Äcker bei der Mühle,

am Dienstag, den 23. Juni d. Js., nachmittags 1/3 Uhr, auf dem Rathause zu Schweinheim durch denselben kgl. Notar die übrigen Grundstücke des Verlebten, welche theils in der Steuergemeinde Schweinheim, theils in der Steuergemeinde Aschaffenburg liegen. Kaufsliebhaber werden hierzu eingeladen.

Wer eine Forderung an den Nachlass des Mühlbesitzers Franz Kreyer von Schweinheim hat, wird aufgefordert, seinen Anspruch am Donnerstag, den 25. Juni d. Js., vormittags 10 Uhr auf dem Amtszimmer des kgl. Notars Bayer in Aschaffenburg anzumelden und nachzuweisen. Spätere Anmeldungen werden bei Vertheilung des Nachlasses nicht berücksichtigt werden.

Die Erben.“[110]

---

110 Aschaffenburger Zeitung vom 9. Juni 1874, S. 4

Bereits am darauf folgenden Tag erschien eine weitere Anzeige der Erben in der *Aschaffenburger Zeitung:*

„Versteigerungs-Anzeige.

Donnerstag, den 11. Juni, vormittags 9 Uhr, wird auf der bei Schweinheim gelegenen Dümpelsmühle das zur Verlassenschaft des Franz Kreier gehörige lebende und todte Inventar, als:

2 Zugochsen, 1 Faselochs, 1 Stier, 1 tragende Kuh, 1 tragende Kabin, 2 Rinder, 18 Stück Hühner, sodann 3 Wägen, 2 Eggen, 1 Pflug, 1 Windmühle, 1 Strohbank, 1 Futtermühle, 1 Kelter, eine Parthie Fässer, ferner 40 – 50 Ztr. Weizen, 40 – 50 Ztr. Spelz, eine kleine Parthie Hafer, 5 – 6 Ohm Apfelwein, endich 1 Eichstamm und mehrere Fichtenstangen, letztere zu Leiterbäumen geeignet, öffentlich meistbietend versteigert und Liebhaber hierzu eingeladen.“[111]

111 Aschaffenburger Zeitung vom 10. Juni 1874, S. 3

Die Dümpelsmühle im Besitz der Familie Kerz und ihrer Nachkommen seit 1874

Bevor die weitere Geschichte im letzten Viertel des 19. Jahrhunderts weiter beleuchtet werden soll, ist der Hinweis angebracht, dass mit der Übernahme der Dümpelsmühle durch das Ehepaar Kerz, das Familienarchiv nun im besonderen Maße zur Dokumentation herangezogen werden konnte. Die Tatsache, dass die Dümpelsmühle in ihrer bisherigen Geschichte nun erstmals zum wirklichen Familienanwesen wurde, eröffnete auch Möglichkeiten, die Lebensumstände der Menschen, die dort lebten und wirkten, besser nachvollziehen und deren Lebenslinien nachzeichnen zu können.

Das Familienarchiv bildete so die Grundllage für die Dokumentation, die bis in die heutige Zeit reicht - ganz im Gegensatz zu jenen Zeiten, in denen Pächter und Beständer häufig wechselten und die bedauerlicher Weise nur wenige, auch heute noch sichtbare Spuren hinterlassen haben. Damit soll aber nicht der Eindruck erweckt werden, diese seien weniger prägend für die Entwicklung der Dümpelsmühle gewesen. Im Gegenteil – all diejenigen, die den Hof seit seines Bestehens bewirtschafteten und auf ihm arbeiteten, haben ihn durch hoffnungsvolle, aber mehr noch, durch schwere Zeiten getragen und ihren Teil dazu geleistet, dass das Anwesen bis heute erhalten geblieben ist.

Die Nichte Franz Kreiers, Katharina Kerz, die sich aufgrund der Beerdigung ihres Onkels einige Tage in Schweinheim aufgehalten hatte, war erst wenige Tage zuvor wieder nach Bodenheim abgereist, als sie die Nachricht über die Versteigerung der Dümpelsmühle erreichte. Noch immer hegte sie den Wunsch, nach Schweinheim umzusiedeln und die Dümpelsmühle zu übernehmen. Schließlich erklärte sich ihr Mann Johann Baptist Kerz bereit, mit seinem väterlichen Erbteil aus Bodenheim die Dümpelsmühle zu ersteigern. So ging das Anwesen im Juni 1874 zu dem beachtlichen Preis von 14.000 Gulden in den Besitz des Ehepaars Kerz über.[112]

Es ist eine immense Summe, für welche die Dümpelsmühle 1874 die Besitzer wechselte; dennoch ist eine Umrechnung in heutige Geldmittel bzw. Vermögenswerte aufgrund vollkommen unterschiedlicher Lohn- und Preisverhältnisse unmöglich. Um trotzdem in etwa eine Vorstellung erlangen zu können, seien lediglich einige Vergleichswerte aus der Zeit um 1875 genannt, wobei 1 Gulden (fl.) 60 Kreuzern (kr.) entspricht:

1 Pfund Butter: 35 kr.

1 Ente: 1 fl. 4 kr.

Jahresmiete einer 1 Zimmer-Wohnung (Stadt München): 192 fl.

Jahresgehalt eines Eisenbahnarbeiters: 490 fl.

Kaufpreis eines Großbauernhofes (Bayern): 9000 fl.[113]

---

112 Vgl. Elfen, Robert Dr., Ergänzungen zur Dümpelsmühle, Manuskript vom August 2011, Familienarchiv.

113 Vgl. Pressglas Korrespondenz, „Löhne und Preise im Königreich Bayern im 19. Jhdt.“, Ausgabe 3/2011, S. 161 ff.

Abbildung 8: Johann Baptist und Katharina Kerz. Die beiden Fotografien wurden 1872 noch in Bodenheim aufgenommen.
Fotos: Familienarchiv.

Hätte Kreier in Aussicht gehabt, dass seine Nichte aus Bodenheim die Dümpelsmühle übernehmen würde, wäre es wohl wahrscheinlich gewesen, dass er sein Testament zu ihren Gunsten geändert hätte. Durch das Zögern von Johann Baptist Kerz und wegen des überraschenden Todes von Kreier, war aber zu dessen Lebzeiten keine Entscheidung getroffen worden. Dies erklärt auch, weshalb die Stiefkinder die Erben des Franz Kreiers wurden, während seine Nichte gezwungen war, das Anwesen käuflich von diesen zu erwerben.
Außer den Liegenschaften erwarb die Familie Kerz außerdem noch die verbliebenen Viehbestände und Inventargegenstände des Mühlen- und Landwirtschaftsbetriebs. Im August 1874 verließ das Ehepaar Kerz mit seinem ersten Kind Maria (1873–1909) und der Mutter Katharina Reinhart, geb. Kreier, die alte Heimat. Der Umzug von Bodenheim nach Schweinheim beeinhaltete vier Fuder[114], die zu überführen waren und die Kosten dafür beliefen sich auf 180 fl.[115]

Liest man die Beschreibung des Weges nach Schweinheim und durchs Gailbachtal des Schriftstellers Hermann Oelschläger, so müsste man meinen, der Familie Kerz habe sich bei ihrer Ankunft ein äußerst freundliches Bild geboten:

„[...] berührt nach zwanzig Minuten das Dorfe Schweinheim, und lenkt bereits nach einem kurzen Marsch von kaum zwei Viertelstunden in Richtung Spessart ein. Kurz bevor man die Krümmung gegen den Wald hin zurücklegt, verlohnt sich wohl ein Rückblick auf Schweinheim, das mit seinen rothen Dächern, darüber der gastliche Rauch leicht gekräuselt hin-

114 Wagenladungen.
115 Familienarchiv.

zieht, gar freundlich aus den Obst- und Pappelbäumen im Thale herausschaut. Zur Seite bleibt der Findberg, dessen Gipfel mit dem fernhin leuchtenden rothen Sandsteinbruch sich prächtig aus dem schwarzgrün der Föhren und Fichten erhebt und namentlich abends beim Sonnenuntergang täuschend an das Alpenglühen der südlichen Berge mahnt, während der daneben liegende Stengerts mächtig durch den Kontrast der dunklen Föhren und der blaßgrünen Buchen und Eichen, welche seinen Rücken bewalden, wirkt."[116]

Wenn gleich Oelschläger alle Vorzüge des Gailbacher Tals vortrefflich herausstellte und es von seiner schönsten Seite skizzierte, handelt es sich eher um eine idealisierte romantische Verklärung. Die örtlichen Verhältnisse, die Johann Baptist Kerz mit seiner Familie im Jahr 1874 vorfand, konnten durch die Schönheit der Natur kaum aufgewogen werden. Einige Kilometer vom Dorf Schweinheim abgetrennt, in vollkommener Alleinlage, die Straße weder gepflastert, noch anderweitig befestigt, war Kerz Besitzer einer Einöde geworden.

An der von Schweinheim kommenden Straße befand sich in der Nähe der Dümpelsmühle ein dreiarmiger Wegweiser, der die Richtungen nach Schweinheim, Aschaffenburg und Gailbach aufzeigte.[117] Bis zur Straße reichten die Streuobstwiesen des zurückgesetzten Anwesens, an denen entlang die etwa 35 Meter lange Einfahrt zum Hof führte. Hinter den Streuobst-

116 Oelschläger, Hermann Bad Soden und Schloss Mespelbrunn im Spessart, in: Erheiterungen, Belletristisches Beiblatt zur Aschaffenburger Zeitung 1865, S. 742

117 Vgl. Beilhack, Max, Durch und um Aschaffenburg, I. Teil, Commissions-Verlag der A. Wailandt'schen Buchhandlung, Aschaffenburg, 1878, S. 48

wiesen schloss sich der Hausgarten an, durch den, an einen Klostergarten erinnernd, eine kreuzförmige Wegführung die Gemüsebeete aufteilte. Dahinter befanden sich die Schweineställe, sowie Wasch- und Backhaus.[118] Am Hang, in Richtung Süden, lag hinter Pferdestallungen, Scheune und Felsenkeller ein weiterer, mit Obstbäumen bepflanzter Grasgarten.
Die Familie bezog nach ihrer Übersiedlung das Mühlhaus, den ältesten Gebäudeteil des Hofes, der noch aus dem 13. Jahrhundert stammte und zuletzt durch den Beständer Johann Heinrich Kaufmann im Jahr 1809 erweitert worden war. Über eine dreistufige Eingangstreppe gelangte man in den Korridor, der geradeaus auf die Küche stieß. Zur Linken befand sich das Wohnzimmer, dahinter ein Schlafzimmer. Zwei weitere Zimmer im ersten Stock waren für die Kinder vorgesehen. Die Fenster des Hauses waren bleiverglast, das Wohnzimmer vollständig mit Holz vertäfelt.[119] Durch einen Durchgang zur Rechten des Korridors, war der Wohnbereich mit der eigentlichen Mühle verbunden.
Als die Familie Kerz im August 1874 ihren Wohnsitz auf dem Gemeindehaus in Schweinheim anmeldete, notierte der Gemeindeschreiber als Anschrift *Dimpelsmühle*. Da diese Schreibweise insbesondere im 19. Jahrhundert häufig Verwendung fand, während die Familie Kerz selbst ausschließlich die Schreibweise *Dümpelsmühle* verwendete, soll ein kurzer Blick auf die Namensentwicklung und Schreibweisen geworfen werden.

---

118 Das Backhaus wurde noch bis zum Zweiten Weltkrieg auch von Schweinheimer Hausfrauen genutzt, um bspw. anlässlich der Kerb große Bleche von Zwetschgenkuchen zu backen.

119 Familienarchiv.

Wie bereits ausgeführt, geht die ursprüngliche Namensherkunft auf den Wiesengrund zwischen Dorf- und Dümpelsmühle mit der Flurbezeichnung *Schafdümpel* zurück, weil sich dort eine künstlich geschaffene Wasseranstauung befand, an der die Schafe vor der Schur gewaschen wurden. Der Umstand, dass das aus dem 13. Jahrhundert stammende, schon erwähnte, *Jurisdictionalbuch des Vicedomamtes Aschaffenburg* das Anwesen mit *Dümpelsmühle* nennt, spricht für die frühe Existenz des Tümpels und die Namensherleitung der Mühle. Die übrigen ältesten Aufzeichnungen sprechen überwiegend von der *„moledino indago inferiori“*[120], während eine Spitalrechnung aus dem Jahr 1610 sie schließlich die *„Mühle uff dem Schafdümpel“* nennt.[121] In den erhalten gebliebenen Urkunden der folgenden Jahre stößt man auch auf die Bezeichnung *Tümpelsmühle*, wenngleich sich dialektbedingt allerdings überwiegend die Schreibweise *Dümpelsmühle* durchsetzte und insbesondere im 19. und frühen 20. Jahrhundert der Name *Dimpelsmühle* häufig verwendet wurde.
1912 findet sich die *Dimpelsmühle* in *Meyers Orts- und Verkehrslexikon des Deutschen Reiches*[122] und noch bis 1933 wurde das Anwesen auch unter *Dimpelsmühle* im *Reichs-Firmen-Fernsprechbuch*[123] geführt.

Bei der topographischen Erfassung Bayerns im 19. Jahrhundert kam es zu einem, vermutlich dem mündlichen Dialekt zu-

---

120 Mühle im unteren Hain.

121 Vgl. Schweinfest, Johann Georg, „Das Pfarrdorf Schweinheim“, Druckerei Werbrun, 1912, S. 26

122 Vgl. Dr. E. Uetrecht (Hrsg.) Meyers Orts- und Verkehrslexikon des Deutschen Reichs, Fünfte, vollständig neubearbeitete und vermehrte Auflage, Leipzig und Wien 1912/1913, Band 1, S.347

123 Vgl. Reichs-Firmen-Fernsprechbuch, Band I, S. 851, 1933

zuschreibenden Übertragungsfehler. So wurde in den ab 1872 entstandenen Positionsblättern fälschlicherweise der Name *Dingels-Mühle* verwendet und auch in der Ausgabe des Bayern-Atlas aus dem Jahr 1890 übernommen. Ebenso orientierten sich Ortsverzeichnisse an der falschen in Umlauf gebrachten Namensbezeichnung.[124]
Erst mit Eröffnung der Gastronomie durch die Familie Kerz im Jahr 1874 und den in den folgenden Jahren und Jahrzehnten gedruckten Ansichtskarten[125] und Prospekten setzte sich der einheitliche Name *Dümpelsmühle* durch. Durch Verwendung des Wortes „Dümpel" ist der Name nicht nur immer noch vom mittelhochdeutschen Wort *Dümpel bzw. Dümpfel*[126] und vom örtlichen Dialekt geprägt, sondern entspricht auch am ehesten der ältesten historischen Namensnennung aus dem 13. Jahrhundert.

Da es sich bei der Dümpelsmühle um einen außerhalb eines Dorfes gelegenen bäuerlichen Grundbesitz mit mehr als drei Gebäuden handelte, erhielt sie Mitte des 19. Jahrhunderts die Bezeichnung Einöde. 1864 erscheint die Dümpelsmühle erstmals als solche im Topographischen Lexikon des Königreichs Bayern, wo sie im Zuständigkeitsbereich des Bezirksamtes Aschaffenburg aufgeführt wird.[127]

In Schweinheim waren die Häuser und Anwesen bis zum Jahr

124 Vgl. Vollständiges Ortschaften-Verzeichniß des Königreichs Bayern, Verlag Adolf Ackermann, München, 1877, S. 1284.

125 Zwischen 1894 bis in die 1980er Jahre wurden etwa 20 verschiedene Ansichtskarten mit unterschiedlichen Motiven gedruckt.

126 Vgl. Grimm, Jacob/ Grimm, Wilhelm, Deutsches Wörterbuch, Band II, Verlag S. Hirzel, Leipzig, 1860, S. 1525

127 Vgl. Ursprung, J. C., Topographisches Lexicon des Königreichs Bayern, Stahel Verlag, Würzburg, 1863, S. 399

1908 fortlaufend nummeriert, wobei die Dümpelsmühle mit der Nummer 184 versehen war.

Die Straße, von Schweinheim nach Gailbach gehend, erhielt nach 1908 schließlich den Namen *Aumühlstraße* und die Dümpelsmühle die neue Hausnummer 18. Die erste Bebauung in der heutigen Gailbacher Straße fand rechtsseitig im Jahr 1898 und linksseitig im Jahr 1900 statt.[128] Die ursprünglich vollkommen vom Dorf Schweinheim abgetrennte Lage des Anwesens erklärt somit auch dessen Einrichtung als Einöde, als welche es bis zum Jahr 1904 geführt wurde. In den 1960er Jahren erfolgte eine weitere Änderung; seit dem lautet die Adresse der Dümpelsmühle *Gailbacher Str. 80* (sowie 80A und 80B).

128 Vgl. Schweinfest, Johann Georg, Das Pfarrdorf Schweinheim, Druckerei Werbrun, 1912, S. 16

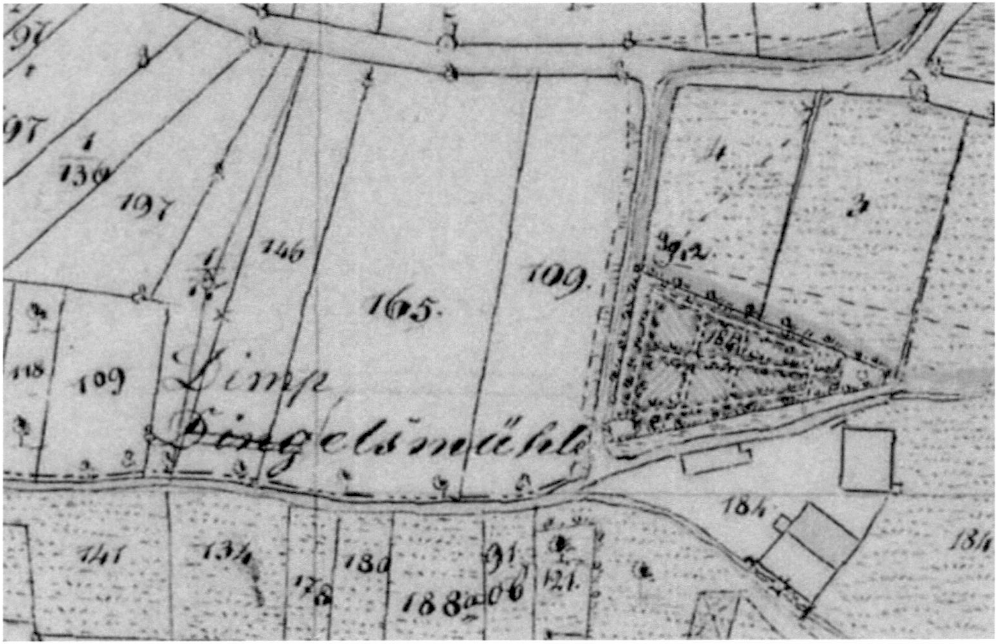

Abbildung 9: Auszug aus den in der Mitte des 19. Jahrhunderts entstandenen sog. „Positionsblättern". Das Anwesen war ursprünglich mit der falschen Bezeichnung „Dingelsmühle" versehen. Der Hof liegt bei Nr. 184. Kartenausschnitt: Bayerische Vermessungsverwaltung.

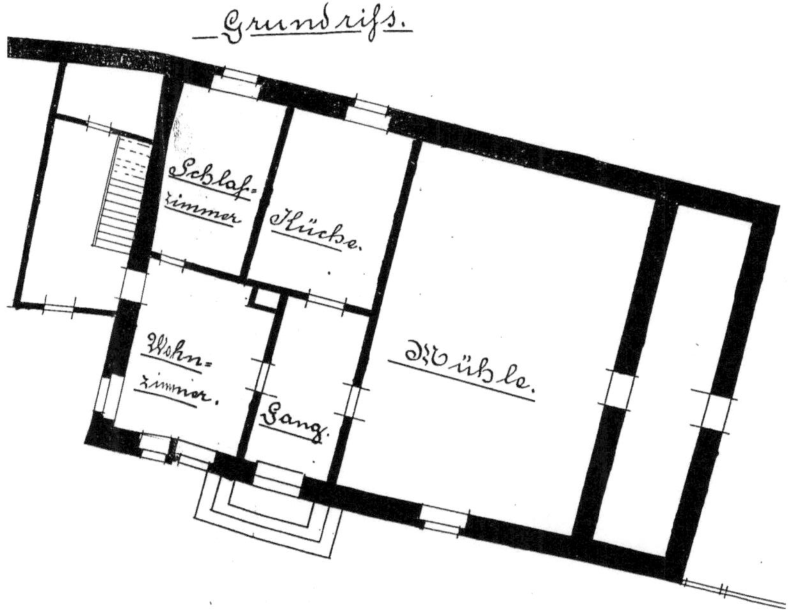

Abbildung 10: Grundriss vom Ergeschosses des alten Mühl- und Wohnhauses, wie es die Familie Kerz nach ihrer Übernahme im Jahr 1874 bezog. Bauakt 1894, Familienarchiv.

Im Spätsommer des Jahres 1874 war die Dümpelsmühle für Katharina Kerz längst zur Heimat geworden, während die Übersiedlung von Bodenheim nach Schweinheim ihrem Ehemann nach wie vor stark zusetzte. Johann Baptist Kerz war in Bodenheim im Umfeld einer alteingesessenen Familie, umgeben von fruchtbaren Feldern und Weinbergen großgeworden, während er in Schweinheim ein Fremder war und auch zeitlebens blieb. Der Umzug auf die Dümpelsmühle kam für ihn einer Entwurzelung gleich.

Für Kerz stand es als Sohn eines Weinbauers und Gastwirts von Anbeginn an fest, zunächst den brachliegenden Schankbetrieb, den Franz Kreier in den 1850er Jahren erstmals eröffnet hatte, wieder aufzunehmen.

Zum 15. September 1874 meldete er auf der Gemeinde Schweinheim eine *„Schankwirtschaft ohne Concession“* an. In der Anmeldung heißt es:

„Schweinheim, den 5. September 1874

„Es erscheint der Gutsherr der Dimpelsmühle,

Herr Johann Baptist Kerz.

Johann Kerz erklärte bei Eintragung im Gewerbemelderegister pro 1874 (III. Quartal), daß er seinen selbstgebauten Apfelwein, seinen selbst erzeugten Traubenwein, welchen er auf seinen Besitzungen in Bodenheim erziele, ausschenke […]“ [129]

Daraus geht außerdem hervor, dass er auch nach der Übernahme der Dümpelsmühle noch Weinberge in Bodenheim besaß

129 Stadt- und Stiftsarchiv, Gewerbe Anmeldungs-Register der Gemeinde Schweinheim vom 5. September 1874

und aus den Erträgen den Traubenwein erwirtschafte; die Äpfel für den Apfelwein wurden in Schweinheim angebaut. Da es sich in beiden Fällen um eigene Erzeugnisse handelte, war die Erteilung einer spezifischen Schankkonzession nicht erforderlich. Kerz eröffnete also eine ausschließliche Heckenwirtschaft, die längstens vier Monate im Jahr betrieben werden durfte. Bereits zur Kurmainzer Zeit war der Betrieb von Heckenwirtschaften durch Verordnungen eindeutig geregelt,[130] die auch nach der Säkularisation weiterhin Bestand hatten. Berechtigt zum Betrieb einer Heckenwirtschaft waren nur Gemeindeangehörige, die über das Bürgerrecht verfügten. Das Ausschankrecht beschränkte sich auf selbst gebauten Wein oder Most.[131] Weder war es gestattet, fremden Wein zuzukaufen, noch diesen auszuschenken.

Auch der Mahlbetrieb auf der Dümpelsmühle scheint bereits im Jahr 1874 wieder aufgenommen worden zu sein. In den Akten der Gemeinde Schweinheim wurde Kerz auch unmittelbar nach seiner Ankunft als *Müllermeister* geführt. Seine Eltern in Bodenheim hatten jedoch ein Weingut und eine Gastwirtschaft besessen, er selbst seinen Beruf noch in Bodenheim als *Privatier* angegeben.[132] Wann und in welcher Form er mit dem Mühlenhandwerk in Berührung gekommen sein und gar einen Meistertitel erlangt haben soll, erscheint unklar.

Am 25. Januar 1875 wurde mit Sohn Johann Peter Kerz (1875–1945) der erste Stammhalter auf der Dümpelsmühle geboren, im Jahr darauf der zweite Sohn Matthias Karl Heinrich Kerz (1876–1951). Ein dritter, am 18. Oktober 1881 geborener Sohn

130 Vgl. Erlass der Kurfürstl. Erzkanzlerischen Landesdirektion zum Betriebe von Heckenwirtschaften, 1800

131 Vgl. Schweinfurter Anzeiger vom 02.11.1874, S. 2

132 Familienarchiv.

mit dem Namen Johann Peter Joseph, starb am 10. April des folgenden Jahres im Alter von nur sechs Monaten.[133] Das fünfte Kind des Ehepaars Kerz war ein Mädchen, das den Namen Sofia Apollonia (1883–1943) erhielt.

Die Schankwirtschaft eröffnete bereits im Herbst 1874 für die Gäste und der Apfelwein der Dümpelsmühle wurde bald darauf auch in Aschaffenburger Gaststätten ausgeschenkt.[134]

Außer dem Mühlenbetrieb und der Schankwirtschaft, war es insbesondere die Landwirtschaft, welche die Familie bis an die Grenzen der Belastbarkeit fordererte. Bei der Übernahme des Anwesens im Jahr 1874 hatten die gesamten Liegenschaften bereits über 26.000 m² umfasst, die zu bewirtschaften waren.[135]

Während Kerz seinen Apfel- und Traubenwein auch nach Aschaffenburg verkaufte, kam es hingegen nur selten vor, dass tatsächlich jemand im Gailbachtal Rast machte. So erschien es auf Dauer nicht rentabel, ständig Personal bereithalten zu müssen, zumal die Familie selbst mit Landwirtschaft und Mühlenbetrieb bereits hinlänglich in Anspruch genommen war. Bereits 1876 meldete Kerz das Gewerbe der Heckenwirtschaft bei der Gemeinde wieder ab.[136] Die für das Jahr 1876 von Johann Baptist Kerz entrichtete *Accis-Quote*[137] in Höhe

133 Vgl. Stadt- und Stiftsarchiv Aschaffenburg, Sterberegister der Gemeinde Schweinheim 15/1882

134 Anzeige vom Oktober 1874 „Reinen Apfelwein von der Dimpelsmühle schenkt aus Mayer, Gastwirtschaft Strauß“, Familienarchiv.

135 Vgl. Aschaffenburger Zeitung vom 9. Juni 1874 – der Grundbesitz wird mit 774 Dezimalen angegeben, wobei 1 Dezimal 34,08 m² bezeichnet.

136 Vgl. Gewerbeabmeldung des J.B. Kerz bei der Gemeinde Schweinheim zum Jahresende 1876.

137 Aus dem Lateinischen von *„Akzise“* kommend, bezeichnete die sog. Accis-Quote eine indirekte Steuer.

von lediglich 48 Pfennig[138] zeigt, dass es nur wenige Gäste waren, die in den 1870er Jahren den Weg auf die Einöde fanden.

Nachdem die Mutter von Katharina Kerz, Katharina Reinhart, geb. Kreier, die bislang die Kinder versorgt hatte, am 1. April 1880 im Alter von 75 Jahren verstorben war[139], fehlte außerdem eine weitere helfende Hand.

Die landwirtschaftlichen Grundstücke, oftmals in Hanglage, verfügten über einen, den Ausläufern des Spessarts üblichen, lehmigen, rötlichen und nur unterdurchschnittlich fruchtbaren Boden. Die Bewirtschaftung derselben gestaltete sich daher als zermürbend und die Erträge deckten kaum mehr als den eigenen Bedarf.

Einst als wohlhabender Mann nach Schweinheim gekommen, hatte die Dümpelsmühle und deren Unterhaltung das gesamte elterliche Erbe von Johann Baptist Kerz aufgebraucht. Ganz anders als seiner Frau und seinen Kindern, gelang es ihm nie, sich in Schweinheim vollständig heimisch zu fühlen. Zu allgegenwärtig waren die Erinnerungen an Bodenheim und an unbeschwerte, sorglose Jahre, während die Alltagssorgen seit seiner Ankunft auf der Dümpelsmühle übermächtig geworden waren.

Der Auszug eines Briefes an seinen Bruder in Bodenheim verdeutlicht die Verzweiflung des Johann Baptist Kerz:

„Es war dies ein schlechter Tausch, all das hinzugeben, samt meinerselbst, für einen Hof, der seinem Besitzer mehr abverlangt, als dieser zu leisten im Stande ist. Das Einzige, was

---

138 Vgl. Aschaffenburger Zeitung vom 28.04.1877

139 Vgl. Stadt- und Stiftsarchiv Aschaffenburg, Sterberegister der Gemeinde Schweinheim 16/1880

man mir nicht nehmen kann, ist die Erinnerung in meinem Herzen, von der ich von Zeit zu Zeit zu zehren und neue Kraft zu schöpfen versuche.“[140]

Im Juli 1879 regnete es unaufhörlich. Die *Aschaffenburger Zeitung* meldete:

„Aus Schweinheim wird uns berichtet, daß aus den dortigen Gärten das Erdreich, von der Bleiche die Wäsche in den Main geschwemmt wurde, eine Frau selbst wurde von den von allen Seiten stürzenden Gießbächen mit fortgerissen und wäre zweifelsohne ums Leben gekommen, wenn der Ortsnachbar Traut sie nicht mit Aufbietung aller Kraft gerettet hätte.“[141]

Die von Haibach und Gailbach mit brachialer Gewalt herabströmenden Wassermassen vernichtetenden auch die gesamte Ernte des Johann Baptist Kerz.[142]

Treffend bemerkte die *Aschaffenburger Zeitung: „Wohin das enden soll, Gott weiß es; dem Landmann steht die Verzweiflung in allen Zügen, wenn er seine Felder betrachtet [...]“*[143]

Katharina Kerz war eine äußerst willensstarke und tüchtige Frau, die aller Rückschläge, Widrigkeiten und Strapazen zum Trotz auch vor schwerer körperlicher Arbeit nicht scheute. Sie legte außerdem großen Wert darauf, dass ihren Kindern eine gute Schulbildung zuteil wurde. Die Kinder Maria, Peter und Sofia Apollonia besuchten alle die Kgl. Bayerische Höhere Bildungsanstalt. Lediglich der Sohn Karl, der schon in frühester

140 Brief des Johann Baptist Kerz an seinen Bruder Peter Kerz in Bodenheim vom 29.10.1889, Familienarchiv.

141 Aschaffenburger Zeitung, Ausgabe vom 24.07.1879

142 Ernteerträge 1877-1879, Familienarchiv.

143 Aschaffenburger Zeitung, Ausgabe vom 24.07.1879

Jugend beschlossen hatte, ebenfalls Bauer zu werden, verblieb auf sein Bitten hin nach Abschluss der Volksschule im elterlichen Betrieb.

Ein noch erhaltener Schulaufsatz der Tochter Sofia Apollonia gibt einen Eindruck davon, wie sehr die Dümpelsmühle für die Kinder – ganz im Gegensatz zum Vater – die Bedeutung von Heimat hatte:

„Siehst Du dort unten im Gailbachtale das Haus? Das ist mein allerliebstes Vaterhaus. Ganz einsam und verlassen scheint es zu sein, wenn man im Tale lustwandelnd hinüberblickt. Aber doch würde ich mit dem herrlichsten Königspalast keinen Tausch eingehen, nein, nicht um Millionen. Es ist das Haus, das meine Seele liebt und von dem ich mich durch nichts trennen lasse als durch den Tod. Es erscheint als ein geschmeidiger Gutshof. An der Seite klettert ein rauhrindiger Traubenstock bis zum Dachfirst hinauf. Nach Vollenden des schweißbringenden Tagwerks laben wir uns in seinem kühlen Schatten. Sein Gebälk ist graugewittert und aus weißem Fachwerk sind seine Wände. Ein großer Nußbaum erhebt sich neben an der Gartenmauer, welche geschmückt ist mit Blumen und einem Rosenteppich, grün und weich. Ein Bächlein hüpft freudig und murmelnd von Stell zu Stelle. Hinter meinem Vaterhaus rauscht der Wind durch den Eichenwald. Im Buchenwald erschallen der Drossel lustige Lieder. Einsame Rehe grasen nahe am Haus und die Häslein hüpfen in den frischen Klee. Mit Recht darf ich das Lied singen, daß es schallend widerhallt: Sei gegrüßt mein Vaterhaus, mein Paradies hienieden! Bis einstens trägt man mich hinaus zum stillen Kirchhofsfrieden.“[144]

---

144 Schulaufsatzheft der Sofia Apollonia Kerz, 1893, Familienarchiv.

Abbildung 11: Geschwister Kerz im Jahr 1881 - von links, Peter, Karl und Maria. Foto: Familienarchiv.

Abbildung 12: Die jüngste Tochter, Sofia Apollonia. Aufnahme um 1900. Foto: Familienarchiv.

Obwohl bekannt war, dass Frau Kerz unter ihren Dienstboten ein strenges Regiment führte, blieben Knechte und Dienstmädchen oft über Jahre auf der Dümpelsmühle. An Mariä Lichtmess, dem 2. Februar, stand es diesen grundsätzlich frei, sich einen neuen Arbeitgeber zu suchen. Wie andernorts auch üblich, erhielten die Bediensteten um Lichtmess nicht nur ihren Lohn, sondern außerdem drei Tage frei, manchmal zusätzlich Kleidung und seltener auch ein Paar Schuhe.

Aus dem Jahr 1891 ist der Brief eines Dienstmädchens von der Dümpelsmühle an dessen Mutter erhalten geblieben, der auch einen seltenen Eindruck über das Leben des Personals auf dem Hof gibt.

„Schweinheim, den 6. Dezember 1890

Inniggeliebte Mutter!

Bezüglich des bewußten Dienstes habe ich mich entschlossen, denselben nicht anzutreten. Es wäre nicht schön von mir, wenn ich ohne Ursache meine Herrschaft verlassen würde. Sie ist doch so gut gegen mich und über Kost und Lohn kann ich mich absolut nicht beklagen. Ich bekomme gar ein Christgeschenk und die Trinkgelder mehren sich von Tag zu Tag. Bitte sage meinen Entschluss Frau Eckert nebst meiner Empfehlung. [...]“[145]

Im Jahr 1891 brach in Schweinheim die Maul- und Klauenseuche aus. Zunächst wurde ein Fall im Stall des Landwirts Eduard Syndikus bekannt, weshalb der zuständige Bezirksamtsmann aus Aschaffenburg umgehend verschärfte Quarantäne

145 Brief des Dienstmädchens Maria Hartung an seine Mutter vom 06.12.1890, Familienarchiv. Besagtes Dienstmädchen hatte offensichtlich Gelegenheit erhalten, zu Mariä Lichtmess 1891 in Dienste der Eckertsmühle wechseln zu können, dieses aber abgelehnt.

anordnete. Obwohl also die Dümpelsmühle vorerst verschont geblieben war, bestätigte sich im August 1891 der zweite Fall von Maul- und Klauenseuche - diesmal in den Stallungen des Johann Baptist Kerz. Trotz angestellter Untersuchungen, ließ sich nicht in Erfahrung bringen, auf welche Weise die Seuche auch auf die Dümpelsmühle verschleppt worden war.[146]

Hierdurch verlor Johann Baptist Kerz einen Zuchthengst und außerdem seine beiden stärksten Ochsen, die beim Pflügen auf den unebenen Feldern unentbehrlich gewesen waren.

An einem Frühjahrsmorgen im Jahr 1894 teilte Johann Baptist Kerz seine Knechte zur Arbeit ein. Zwei Knechte sollten ein Feld in den *Rotäckern* pflügen, während er selbst beabsichtigte, einen Acker auf dem *Wendelberg* zu bestellen. Am Nachmittag brach plötzlich ein schweres Unwetter über Schweinheim herein. Ein Starkregen mit Blitz und Donner setzte ein und *„[...]der Himmel ward binnen kürzester Zeit so dunkel, wie in pechschwarzer Nacht.“*[147] Auf der Dümpelsmühle waren inzwischen die beiden Knechte eingetroffen, da ein Weiterarbeiten aufgrund des anhaltenden Unwetters unmöglich geworden war. Katharina Kerz rechnete damit, dass auch ihr Mann jeden Moment zurückkehren müsse. Nach einer weiteren Stunde, ohne dass man vom Dümpelsmüller Kerz etwas gehört hatte, oder dieser heimgekehrt wäre, begann man sich Sorgen zu machen. Der Himmel hatte zwar inzwischen etwas aufgeklart, allerdings kündigte sich nun bereits der Abend mit der hereinbrechenden Dunkelheit an. Frau Kerz schickte zwei Knechte mit einem Wagen nach dem Feld am Wendelberg. Als

146 Vgl. Eröffnung der Bestätigung der Maul- und Klauenseuche an Johann Baptist Kerz vom 28. August 1891, Familienarchiv.

147 Auszug eines Erinnerungsberichts des Knechts Josef Hörgl, um 1900, Familienarchiv.

diese schließlich zurückkehrten, führten sie neben dem Wagen die beiden Ochsen des Kerz mit. Sie hatten auf dem Feld den verwaisten Pflug vorgefunden und auch feststellen können, dass Johann Baptist Kerz einige Stunden lang gepflügt haben musste. Vom Müller selbst aber fehlte jede Spur. Nun geriet der gesamte Hof in Aufregung und sämtliches Personal wurde, mit Laternen ausgestattet, in verschiedene Richtungen gesandt. Es vergingen zwei weitere Stunden, bis man aus Schweinheim ergebnislos zurückkehrte. Kerz war weder auf der Amtsstube des Bürgermeisters, noch in den Schweinheimern Wirtshäusern gesehen worden.[148] Ein einzelner Knecht war bei seiner Suche einen größeren Bogen gegangen und schließlich bis zur Würzburger Straße in Aschaffenburg gelangt. Dort traf er auf einen Lehrer aus Aschaffenburg, von dem er wusste, dass er auch mit seinem Dienstherrn bekannt war. Nachdem dieser die Ursache der Aufregung des Knechts erfahren hatte, teilte er mit, dass er Kerz tatsächlich *„vor einigen Stunden, wort- und grußlos“*[149] in der besagten Würzburger Straße an sich hatte vorüber gehen sehen. Nun verständigte man den Schweinheimer Gendarmen und dehnte die Suche bis in die Stadt Aschaffenburg aus. Hier fand man Johann Baptist Kerz schließlich in der Sandkirche, wo er *„zu Füßen des Gnadenbilds der Hl. Jungfrau Maria*[150]*“* Zuflucht gesucht hatte. Man ließ die Kutsche holen und brachte Kerz auf die Dümpelsmühle. *„Zunächst erschien es, als sei der Gnädige Herr wohlauf, aber die eigenthümlichen Vorkommnisse sahen die Wohlgeborene Frau veranlaßt, einen Arzt zu Rathe*

---

148 Elfen, Robert Dr., Überlieferungen zum Urgroßvater Johann Baptist Kerz, zusammengestellt im August 2018, Familienarchiv.

149Auszug eines Erinnerungsberichts des Knechts Josef Hörgl, um 1900, Familienarchiv..

150 Ebd.

zu ziehen."[151]

Das kurzzeitige Verschwinden des Johann Baptist Kerz hatte Schweinheim so sehr in Aufregung versetzt, dass die Gemeindeverwaltung in Schweinheim zu den Geschehnissen gar eine Sammelakte anlegte.[152]

Da es Kerz körperlich an nichts fehlte, kam man zu dem Schluss, dass es *„[...] allein die Aussichtslosigkeit, die trotz Aufbietung aller Kräfte, nicht weichen mag"*[153], sei, die an ihm zehrte. Die Erkrankung ihres Mannes stellte Katharina Kerz vor nochmals gewachsene Herausforderungen.

Der gerade achtzehnjährige Sohn Karl führte fortan die Landwirtschaft und wurde dabei von seinem Bruder Peter unterstützt, der nach Abschluss der Höheren Schule bei der Aschaffenburger Herdfabrik *Koloseus*[154] als erster Buchhalter eingestellt worden war.

Die Arbeitskraft ihres Mannes nun entbehrend, entschloss sich Katharina Kerz, erneut eine Schankwirtschaft zu eröffnen. Das Vorhaben erforderte allerdings aufwendige Umbaumaßnahmen. Für die alte Heckenwirtschaft war einst provisorisch eine Scheune genutzt worden. Katharina Kerz beabsichtigte jedoch,

151 Ebd.

152 Die geführten Sammelakten wurden bei der Eingemeindung Schweinheims im Jahr 1939 offensichtlich in Aschaffenburg nicht archiviert. Im Stadt- und Stiftsarchiv Aschaffenburg befindet sich im Bestand der ehemaligen Gemeinde Schweinheim lediglich noch ein Register, das Aufschluss darüber gibt, welche Sammelakten existiert haben. Johann Baptist Kerz ist darunter mit der lfd. Nummer 2 aufgeführt.

153 Notiz des Karl Kerz zum Gesundheitszustand des Vaters vom 21.02.1895, Familienarchiv.

154 Die Herdfabrik (und Eisengießerei) Koloseus wurde 1877 von Hermann Koloseus (1852 – 1911) gegründet und bestand bis 1958.

die Scheune zu einer vollwertigen Gaststätte auszubauen.

Zeitweise schien es, als überstiegen die veranschlagten Investitionskosten die finanziellen Möglichkeiten. Schließlich lieh der Erlanger Universitätsprofessor Leo von Gerlach (1851-1918), der während seiner Aufenthalte in Aschaffenburg ein Freund des Hauses geworden war, Katharina Kerz das Geld für die Umbaumaßnahmen in Höhe von etwa 3000 Gulden.[155]

Im August 1894 wurde der Scheunenumbau zu einem Wirtslokal in Auftrag gegeben und Katharina Kerz erschien auf dem Schweinheimer Gemeindehaus zur Erlangung einer erweiterten Schankkonzession:

In Ggw.

Der Gemeindeverwaltung

u. der Ehefrau Katharina Kerz,

Besitzerin des Mühlenanwesens „Dimpelsmühle" im Gemeindebezirk Schweinheim.

Betreff: Gesuch der Ehefrau Katharina Kerz von Schweinheim um Verleihung einer Schankwirtschafts-Conzession.

Es erscheint Katharina Kerz, Müllersehefrau, 50 Jahre alt und bringt vor: Vor 14 Jahren[156] *hat mein noch lebender, kranker Mann den Schankwirtschaftsbetrieb, den er im Mühlenanwesen Dimpelsmühle ausübte, niedergelegt.*

Meine Verhältnisse machen es mir jedoch wünschenswert, neuerdings um die Erlaubnis zum Betrieb einer Schankwirtschaft und zum Ausschenken von Branntwein zu bitten.

---

155 Familienarchiv.

156 Tatsächlich war Schankbetrieb bereits 18 Jahre zuvor, nämlich 1876, aufgegeben worden.

Gründe:

I.) *Die Lokalitäten sind ein 7 m langes, 6 m breites, 3,20 m hohes Gastzimmer, gut ventiliert, mit anschließendem Abort u. Pissoir, ein gewölbter Felsenkeller nebst der betreffenden Küche dürften nach ihrer Beschaffenheit, weil neu hergerichtet, den Anforderungen entsprechen. Wohn- und Schlafzimmer befinden sich im Hauptgebäude.*

II.) *Die Lage – ¼ Stunde vom Orte Schweinheim entfernt an der nach Gailbach abzweigenden Straße, 25 Minuten den Neubauten und der projektierten neuen Kaserne an der Würzburger Straße zu Aschaffenburg gelegen, ist vorzüglich geeignet, den vielen Passanten und Touristen, die zur Hohenwart, Gailbacher Thal, Sodenthal, nach Mespelbrunn, Rohrbrunn etc. wandern, den Spaziergängern aus Aschaffenburg und Umgegend Einkehr zu ermöglichen und den Fuhrwerken der Sand-Basalt- u. Granitsteinbrüchen des Spessarts die Einnahme eines Vesperbrodes zu gewähren. Die Nachfragen in dieser Beziehung, die jahrein-, jahraus erfolgen und abgewiesen werden müssen, lassen das Bedürfnis erkennen und auf eine gute Frequenz schließen.*

III.) *Die Wirtschaftsverhältnisse in der Gemeinde Schweinheim dürften durch meine Bewerbung keine Änderung erleiden, dieselben sind, dank der Nähe der Stadt Aschaffenburg gut frequentiert, was die fortwährende Vermehrung und Vergrößerung der Lokalitäten beweist. Ich bin in der Lage, eine entsprechende Gartenwirtschaft einzurichten, weil Einkehr vorzugsweise in der schönen Jahreszeit erfolgen wird. Ich beabsichtige nun den Ausschank von Bier und Wein*[157]*, meist selbstgebauten, die Verabreichung von kalten und warmen Speisen, sowie das Ausschänken von Branntwein zu betreiben und bitte daher um Verleihung der polizeilichen Erlaubnis zum Betriebe einer Schankwirtschaft.[...]"*[158]

Bereits davon ausgehend, dass ihr Anliegen befürwortet würde, wurden die Bauarbeiten schon im September 1894 in Angriff genommen, während der Gemeinderat über das Gesuch erst in seiner Sitzung am 1. Dezember 1894 entschied. In der Beschlussfassung heißt es:

„In der heutigen Sitzung, in welcher bei ordnungsmäßiger Ladung 13 Mitglieder von 14 erschienen sind, ist vorstehendes Gesuch einer Beratung und Beschlußfassung unterstellt worden, wobei einstimmig der Beschluß gefasst worden ist, es sei zu bezeugen, daß gegen Frau Katharina Kerz und deren 4 Kinder als: Maria Kerz, 22 Jahre alt, Peter Kerz, 20, Commis zu Aschaffenburg (aber wohnhaft dahier), Karl Kerz, 18 Jahre und Antonia Kerz [sic! Richtig: Apollonia, Anm. d. Verf.], 10 Jahre alt, keine Thatsachen bekannt sind, welche die Annahme rechtfertigen, daß sie das Gewerbe zur Förderung der Völlerei, des verbotenen Spieles, der Hehlerei oder der Unsitt-

---

157 Außer einem Weinberg in Schweinheimer Gemarkung, besaß die Familie Kerz im Jahr 1894 auch noch Weinberge in Bodenheim. Da die Nachfrage nach Wein in den folgenden Jahren jedoch gering blieb, wurden diese um 1900 von Katharina Kerz veräußert.

158 Stadt- und Stiftsarchiv Aschaffenburg, Protokoll der Gemeindeverwaltung Schweinheim vom 5. August 1894.

lichkeit mißbrauchen werden (§ 33 d. G.O.), sondern daß sie sich des vorzüglichsten Leumundes erfreuen;

Es sei zu bestätigen, daß eine Wirtschaft auf der Dimpelsmühle mit der Befugnis zum Ausschänken von Branntwein ein Bedürfnis ist.

Es sei dieses Gesuch, welches von der Gemeindeverwaltung einstimmig (hierbei ein Mitglied – Gastwirt u. Brauereibesitzer Schwind)[159] *begutachtet wird, dem kgl. Bezirksamte Aschaffenburg in Vorlage zu bringen mit dem Bemerken, daß dieses neuhergerichtete Wirtschaftslokal erst in 2 Wochen vollständig baulich hergestellt sein wird.*

Die Gemeindeverwaltung.

Kolb, Bürgermeister[160]*"*

[Es folgen die Unterschriften der Gemeinderäte]

Der Beschluss wurde schließlich an das Königlich Bayerische Bezirksamt zum endgültigen Bescheid weitergereicht, welches sich erneut an die Gemeindeverwaltung Schweinheim wandte und die Bestätigung forderte, dass gegen Katharina Kerz als Gesuchstellerin keine Einwände zur Eröffnung einer Schankwirtschaft bestünden, dass die Räumlichkeiten den polizeilichen Anforderungen entsprächen und dass die Bedürfnisfrage

159 August Schwind führte seit 1877 seine Brauerei in der Schweinheimer Rosengasse. Es leuchtet ein, dass er ein solches Gesuch zwecks Ausschankmöglichkeiten seines Bieres befürwortete.

160 Stadt- und Stiftsarchiv Aschaffenburg, Protokoll der Gemeinderatssitzung Schweinheim vom 1. Dezember 1894.

nach einer solchen Lokalität zu bejahen sei. [161]

Bürgermeister Kolb schrieb in seiner Antwort:

„Die unterfertigte Gemeindebehörde bestätigt hiermit vom Standpunkte der Ortspolizeibehörde, daß gegen Frau Katharina Kerz keine Thatsachen vorliegen, welche die Annahme rechtfertigen, daß sie das Gewerbe zur Förderung der Völlerei, des verbotenen Spieles, der Hehlerei u. der Unsittlichkeit ausüben werde.

Ferner wird bestätigt, daß das Lokal nach Lage und Beschaffenheit den polizeilichen Anforderungen entspricht und daß auch die Bedürfnisfrage unbedenklich bejaht wird.

[...]Noch wird bemerkt, daß Frau Kerz eine gebildete Frau ist u. das Wirtslokal fein hergestellt ist.

Kolb, Bürgermeister.“[162]

Am 4. Mai 1895 quittierte Katharina Kerz schließlich:

„Heute wurde mir die Conzessions-Urkunde zum Betriebe der Schankwirtschaft mit Branntweinausschank ausgehändigt.“[163]

---

161 Schreiben No. 5930 des K. Bezirksamtes Aschaffenburg an den Bürgermeister Kolb von Schweinheim vom 12. Dezember 1894, Familienarchiv.

162 Schreiben des Bürgermeisters Kolb an das K. Bezirksamt Aschaffenburg, No. 1842 vom 18. Dezember 1894, Bauakt 1894, Familienarchiv.

163 Empfangsbestätigung der Konzessions-Urkunde vom 4. Mai 1895, Familienarchiv.

Den Charakter des alten Gebäudes hatte Katharina Kerz bewusst weitestgehend erhalten lassen, so dass sich das neue Wirtslokal geschickt in das Ensemble des historischen Anwesens einfügte.

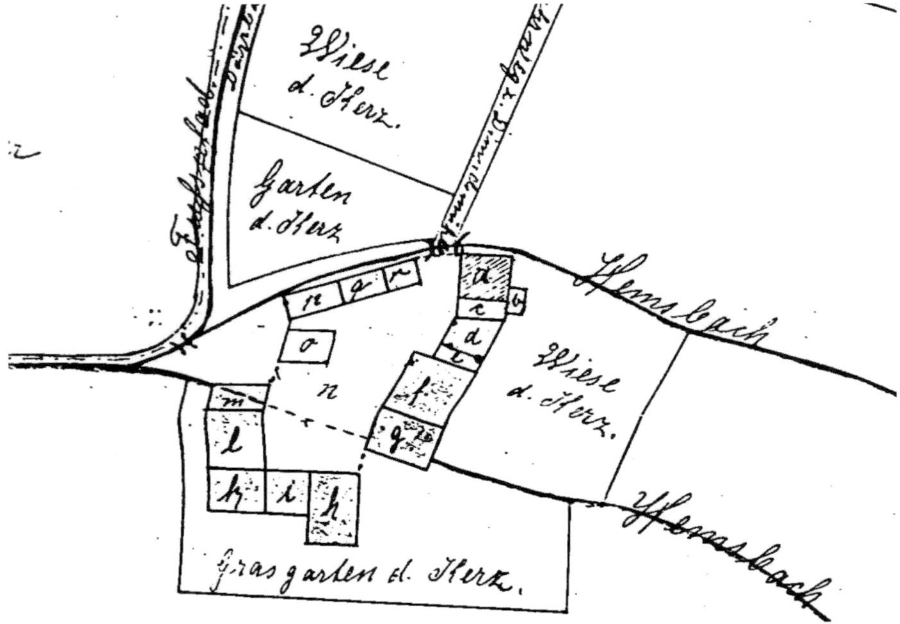

Abbildung 13: Lageplan der Dümpelsmühle nach Errichtung des Wirtslokals im Jahr 1894: a) Wirtslokal, b) Abortanlage, c) Holzschuppen, d) Holzhalle, e) Stiegenhaus, f) Wohngebäude (I. und II. Stock), g) Mühle, h) Felsenkeller, i) Wagenhalle, k) Pferdestall, l) Scheune, m) Rindviehstall, n) Hofraum, o) Dunggrube, p) Schweineställe, q) Backhaus, r) Wirtschaftsküche (ehemals Waschküche), Bauakt 1894, Familienarchiv.

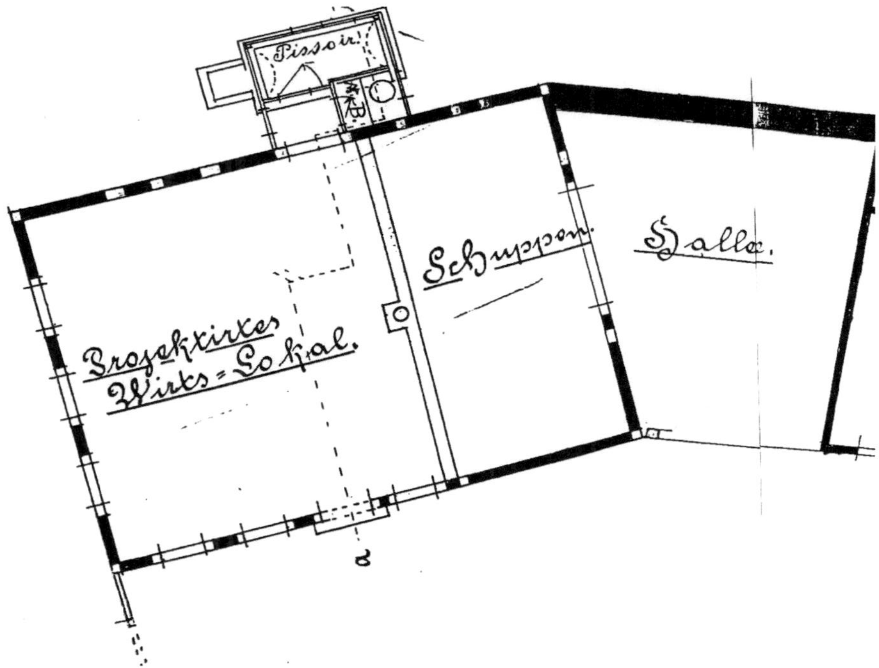

Abbildung 14: Grundriss des 1894 errichteten Wirtslokals. Familienarchiv.

Abbildung 15: Handbemaltes Ofenblech mit Motiv der Dümpelsmühle von 1895. Foto: F. J. Kerz.

Abbildung 16: Unscheinbar und doch eine Rarität - die Bierkasse der ersten Wirtschaft Dümpelsmühle aus dem 19. Jahrhundert, die mit den Biermarken zur Abrechnung verwendet wurde. Foto: F. J. Kerz.

Abbildung 17: Aus dem Inventar der alten Dümpelsmühle - Bierkrüge mit handbemalten Porzellandeckeln aus der Zeit des Späterbiedermeier. Foto: F. J. Kerz.

Abbildung 18: Butterfass der Dümpelsmühle aus dem 19. Jahrhundert, mit dem drei Generationen von Frauen Butter schlugen. Foto: F. J. Kerz

Ab Juni 1895 verpflegte die Familie Kerz überwiegend Durchreisende und Wanderer auf dem Weg in den Spessart, aber auch die Arbeiter der Sandsteinbrüche[164] und richtete vor allen Dingen nach Fertigstellung der Jägerkaserne in der Würzburger Straße im Jahre 1896 auch Kameradschaftsabende des dort stationierten 2. Königlich-Bayerischen Jägerbataillons aus. Besonders an Sonntagen im Sommer war auch immer häufiger gutbürgerliches Publikum aus Aschaffenburg zu Gast, das die angenehme Kühle des Gailbachtales und die romantische Umgegend der Mühle bald zu schätzen wusste.

Der gesundheitliche Zustand von Johann Baptist Kerz hatte sich seit 1894 nicht verbessert. Nach Möglichkeiten suchend, zum Einen ihrem Mann helfen und andererseits das Anwesen weiterführen zu können, trat Katharina Kerz mit Prof. Max Hubrich (1837–1896) in Korrespondenz, der als Nachfolger von Prof. Bernhard von Gudden (1824–1886) das Sanatorium zu Schloss Werneck leitete.[165] Prof. Hubrich empfahl eine stationiäre Aufnahme in Schloss Werneck, und hegte *„[...] den Optimismus, dass im Falle Ihres Gatten der Orts- und Umgebungswechsel der Genesung äußerst zuträglich sein könnte."*[166] So wurde Johann Baptist Kerz im Juni 1895 als Patient I. Klasse in Werneck aufgenommen. Die monatlichen Kosten

164 Vgl. Geognostische Jahreshefte, Band 4/5, Kgl. Bayer. Oberbergamt, München, 1892, S. 91 ff. Bereits seit den 1870er Jahren wurde südöstlich der Dümpelsmühle, in Richtung Gailbach, Kalk für die Aschaffenburger Zellstoffwerke abgebaut.

165 Sowohl Prof. von Gudden, als auch Prof. Hubrich waren Unterzeichner des psychiatrischen Gutachtens über König Ludwig II. vom 8. Juni 1886. Prof. von Gudden kam mit König Ludwig II. am 13.06.1886 im Starnberger See ums Leben.

166 Elfen, Robert Dr., Überlieferungen zum Urgroßvater Johann Baptist Kerz, zusammengestellt für den Verfasser im August 2018, Familienarchiv.

hierfür beliefen sich auf 22 Mark.[167]

Da in Bayern seit 1868 die allgemeine Wehrpflicht bestand, wurde der älteste Sohn Peter Kerz 1896 zur Musterung beordert. Katharina Kerz reklamierte am 28. März 1896 beim Musterungsamt, ihr Sohn habe *„nicht nur eine gute Anstellung als Contorist*[168]*"*, sondern sei außerdem *„im elterlichen Betriebe und aufgrund des schwerkranken Vaters eine unentbehrliche Arbeitskraft, weshalb um Rückstellung vom Militärdienste gebeten wird."*[169]

Die Mutter fürchtete nicht nur, dass ihr Sohn Peter seine Anstellung als Buchhalter durch die Ableistung des Militärdienstes verlieren könnte, sondern auch, dass sie den landwirtschaftlichen Betrieb und die Schankwirtschaft bei Entbehren der Arbeitskraft des älteren Sohnes nicht würde fortführen können. Der Reklamation wurde stattgegeben, ein erneutes Gesuch für den Sohn Karl im folgenden Jahr jedoch verworfen. Karl trat am 8. Oktober 1897 als Rekrut beim 1. Cheveaulegers-Regiment in Nürnberg als Rekrut seinen Militärdienst an.[170] Im Oktober 1897 erlitt der noch immer in Werneck weilende Johann Baptist Kerz einen Schlaganfall. Als schließlich noch eine Lungenentzündung hinzukam, starb er am 20. November 1897, ohne die Dümpelsmühle je wieder gesehen zu haben. Am Tag darauf wurde er in einem Zinnsarg nach Schweinheim überführt und am 22. November 1897 auf dem Schweinheimer Friedhof beigesetzt.[171]

---

167 Ebd.

168 Reklamationsschreiben der Katharina Kerz an das Bayerische Musterungsamt für den Untermain-Kreis, Familienarchiv.

169 Ebd.

170 Vgl. Militärstammrolle für Karl Kerz, Bayer. Staatsarchiv, lfd. Nr. 265

171 Diözesanarchiv Würzburg, Sterbematrikel Maria Geburt für November

Das heute noch existierende Familiengrab wurde beim Tode des Johann Baptist Kerz angelegt.[172] Da jedoch sowohl Franz Kreier im Jahr 1874, als auch Katharina Reinhart, geb. Kreier im Jahr 1880 in Schweinheim beigesetzt worden waren, muss auch ein früheres Grab existiert haben, das vermutlich zu Beginn des 20. Jahrhunderts aufgelöst wurde. Das 1897 angelegte, an den alten Außenmauern gelegene Familiengrab, zählt heute zu den ältesten noch erhaltenen Gräbern Schweinheims. *„Entlang der Umfassungsmauern lagen zumeist die Grabstätten der alten angesehenen und einflussreichen Familien, vorab der Elterhöfer-, Müllers- und Bürgermeistersfamilien.“*, schreibt Theo Schadler in seiner Abhandlung über den Schweinheimer Friedhof.[173]

Während Karl seinen Militärdienst ableistete, bewirtschafteten Katharina Kerz und der älteste Sohn Peter die Dümpelsmühle überwiegend allein. Nach seinem Arbeitstag als Buchhalter wechselte Peter Kerz seinen Stadtanzug mit der Stallkleidung und Griff zu Mist- und Heugabel. Nach Ableistung des Miltärdienstes kehrte Karl 1899 auf das elterliche Anwesen zurück und nahm die Arbeit in der Landwirtschaft wieder auf.

1897.

172 Vgl. Grabbelegungskarte, Familienarchiv.

173 Schadler, Theo, Der Schweinheimer Friedhof (3), in Heimat- und Geschichtsverein Schweinheim, Jahresgabe 2010, abgerufen im Internet https://www.hugv.net/index.php/schweinheim/friedhoefe/79-der-schweinheimer-friedhof-3, abgerufen am 13.08.2020.

Abbildung 19: Johann Baptist und Katharina Kerz auf dem Hof der Dümpelsmühle im Jahr 1894. Foto: Familienarchiv.

Abbildung 20: Karl Kerz leistete ab 1897 seinen Militärdienst ab. Foto: Familienarchiv.

Abbildung 21: Ölgemälde der Tochter Maria Kerz, entstanden im Jahr 1898, von einem Wandermaler gemalt, der auf die Dümpelsmühle kam. Das Gemälde befindet sich heute im Besitz von Nachkommen der Maria Rothhan, geb. Kerz. Foto: F. J. Kerz

Abbildung 22: Am 12. Mai 1898 heiratete die älteste Tochter Maria Kerz den Bahnexpeditor Heinrich Rothhan. Foto: Familienarchiv.

Abbildung 23: Innenhof der Dümpelsmühle im Jahr 1899. Vor dem alten Mühlhaus stehen die beiden Brüder Peter und Karl Kerz (im Hauseingang). Foto: Familienarchiv.

Abbildung 24: Vor dem alten Mühlhaus im Jahr 1902 - stehend: Katharina Kerz und Karl Kerz. Vorne sitzend, Sofia Apollonia Kerz (verdeckt), auf dem Schoß die älteste Enkelin der Katharina Kerz, daneben die Tochter Maria Rothhan. Foto: Familienarchiv.

Abbildung 25: Die erste Wirtschaft Dümpelsmühle um das Jahr 1900. Rechts im Bild Peter Kerz mit Hofhund. Foto: Archiv des Heimat- und Geschichtsvereins Aschaffenburg-Schweinheim.

Nach dem Tod des Vaters verehelichte sich die älteste Tochter Maria Kerz nach Ablauf der halbjährigen Trauerfrist am 12. Mai 1898 mit dem Bahnexpeditor Heinrich Rothhan aus Aschaffenburg. Obwohl durch den Tod ihres Mannes vom Schicksal stark betroffen, sorgte die verwitwete Mutter für eine standesgemäße Ausstattung ihrer Tochter für deren eheliche Wohnung.

So schrieb Maria Kerz am 23. März 1898 an ihren Verlobten: *„Am Montag war Mutter bei Rußmann u. fand sie daselbst großartige Auswahl. Sie hat uns alles sehr fein und schön ausgesucht, alles zusammen passend.“*[174]

Die von *„E. Russmann, Möbel- und Decorationsgeschäft“* ausgestellte Rechnung beeinhaltete ein Schlafzimmer mit Betten, Waschtisch, Spiegelschrank und Nachttischen, eine Wohnzimmerausstattung mit Divan, Vertikow, sechs Stühlen, Ausziehtisch und Serviertisch, einen Schreibstuhl, ein Büffet, einen Küchenschrank, sowie einen Spiegel mit Kristallglas. Die Kosten hierfür beliefen sich auf insgesamt 1470,16 Mark, die von der Mutter Katharina Kerz bar bezahlt wurden.[175]

Etwa zur gleichen Zeit kam ein Wandermaler auf die Dümpelsmühle. Er erhielt dort Kost und Logis und portraitierte im Gegenzug Maria Kerz in Öl. Das heute noch erhaltene Bild machte die Braut ihrem Bräutigam zum Hochzeitsgeschenk.[176]

Nachdem die älteste Tochter geheiratet hatte, lebten bei der im

174 Brief von Maria Kerz an Heinrich Rothhan vom 23.03.1898, Sammlung Gertrud Orth.

175 Rechnung von E. Russmann, Möbel- und Decorationsgeschäft vom 03.06.1898, Familienarchiv.

176 Das Gemälde befindet sich heute im Besitz der Nachkommen von Maria Rothhan, geb. Kerz.

Jahr 1900 durchgeführten Volkszählung noch sechs Personen auf der Dümpelsmühle: Katharina Kerz mit ihren Kindern Peter, Karl und Sofia Apollonia, sowie der Knecht Joseph Hörgl und die Dienstmagd Katharina Staudt.[177]

Da Peter Kerz in Aschaffenburg als Buchhalter arbeitete, trug dessen Bruder Karl bereits im Jahr 1899 die Bitte an die Mutter heran, die Dümpelsmühle an ihn zu übergeben. Dieser Überlegung zwar grundsätzlich nicht abgeneigt, bekräftigte Katharina Kerz aber, dass sie die Dümpelsmühle erst übergeben werde, wenn ihr Sohn eine *„[...] angemessene Ehefrau, die sich nicht nur an Seite ihres Gatten, sondern auch in familiärem Umfeld als bescheiden und tüchtig erweist, aber auch über eine entsprechende Herkunft verfügt, die sie dazu befähigt, Frau Kerz zu werden."* [178]

Mit dieser Antwort musste sich der Junggeselle Karl Kerz zunächst begnügen, während die Mutter auch in den kommenden Jahren das Heft noch nicht aus der Hand geben sollte.

Im Jahr 1904 errichtete Katharina Kerz ihr Testament. Dabei fällt es auf, dass darin weder die Dümpelsmühle noch Grundbesitzungen überhaupt Erwähnung finden. Dies liegt darin begründet, dass sie zu diesem Zeitpunkt bereits beabsichtigte, die Dümpelsmühle in absehbarer Zeit und zu Lebzeiten zu übergeben. Das Testament hat folgenden Inhalt:

---

177 Vgl. Stadt- und Stiftsarchiv Aschaffenburg, Bestand der ehemaligen Gemeinde Schweinheim, No. 295, Familienbuch auf der Grundlage der Volkszählung vom 1. Dezember 1900.

178 Brief von Katharina Kerz an ihren Sohn Karl Kerz vom 20.03.1899, Familienarchiv .

„Testament.

Ich Endes Unterzeichnete vermache meiner Tochter Loni [Sofia Apollonia, Anm. des. Verf.] so lange sie ledig ist, nebst ihrem Vermögen, was ihr als Erbtheil zu fällt, noch Zweitausend Mark welche (Zweitausend Mark) sie bei Verheirathung an ihre Geschwister wieder zurückzahlen muss. Ferner sämtliches Möbel was die gute Stube ausstattet und was in den Schränkchen und Komod-Schubladen ist, auch alles Silber, Servietten und Tischzeug, besonders die gestickte Tischdecke ist ihr Eigenthum [.] Von dem Geld was ich hinterlasse, soll sie eine hl. Messe für meinen Mann und mich stiften und das Grab unterhalten. Meine Kleider werden getheilt zwischen meinen Töchtern Maria und Loni.

Dümpelsmühle, den 14. Juni 1904 Katharina Kerz“[179]

179 Testament der Katharina Kerz vom 14.06.1904, Familienarchiv.

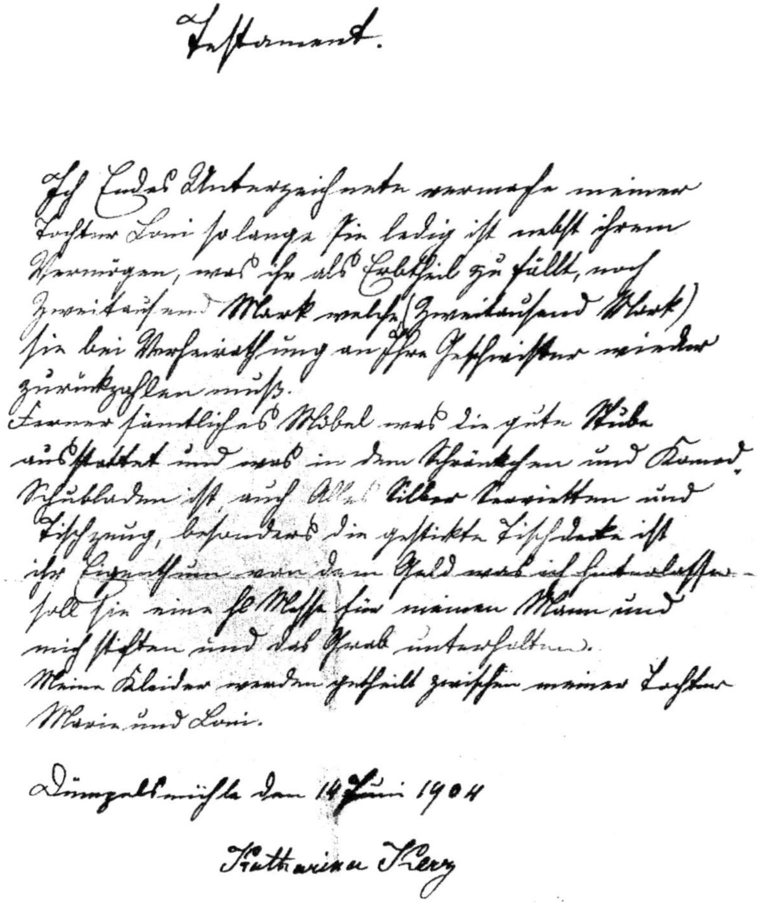

Testament.

Ich Endes Unterzeichnete vermache meiner Tochter Loni so lange sie ledig ist nebst ihrem Vermögen, was ihr als Erbtheil zu fällt, noch zweitausend Mark mehr (Zweitausend Mark) die sie bei Verheirathung an ihre Geschwister wieder zurückzahlen muß.
Ferner sämtliches Möbel was die gute Stube ausstattet und was in den Schränkchen und Kommodschubladen ist, auch Alles Silber Servietten und Tischzeug, besonders die gestickte Tischdecke ist ihr Eigenthum von dem Geld was ich hinterlasse soll sie eine hl. Messe für meinen Mann und mich stiften und das Grab unterhalten.
Meine Kleider werden getheilt zwischen meiner Tochter Marie und Loni.

Düngelsmühle den 14 Juni 1904

Katharina Kerz

Abbildung 26: Testament der Katharina Kerz, geb. Reinhart vom 14. Juni 1904. Familienarchiv.

Abbildung 27: Biedermeierkommode aus der „guten Stube" der Katharina Kerz. Foto: F. J. Kerz.

Fünf Jahre, nachdem Karl die Dümpelsmühle hatte übernehmen wollen, war in Katharina Kerz offensichtlich eine Entscheidung gereift. Doch noch immer führte sie, inzwischen 60 Jahre alt, den Hof und die Gastwirtschaft, die besonders an Wochenenden stets gut besucht war.

Die im Jahr 1894 erteilte Schankkonzession umfasste auch die Erlaubnis zum Ausschank von Bier und Branntwein. So kam auch der Schweinheimer Brauereibesitzer August Schwind (1854–1903), der seit 1877 seine Brauerei in der Rosengasse führte, aus geschäftlichen Gründen auf die Dümpelsmühle.

Im Jahr 1974 machte *Schwindbräu* den Eigentümern der Dümpelsmühle einen gravierten Zinnteller mit der Aufschrift *„1874-1974 - 100 Jahre Dümpelsmühle“* zum Geschenk.[180] Der erste gastronomische Betrieb der Familie Kerz war 1874 gegründet worden, lückenlos hatte die Gaststätte seit 1894 bestanden. Da sich die frühere Konzession des Johann Baptist Kerz lediglich auf eigene Erzeugnisse beschränkt hatte[181], lässt sich feststellen, dass der Ausschank des Schweinheimer Schwind-Bieres auf der Dümpelsmühle frühestens 1894, mit Erteilung der erweiterten Schankkonzession begonnen hatte.

Mit dem Tod des August Schwind im Jahr 1903, sah dessen Witwe - vom Ausschank der Brauereierzeugnisse auf der Dümpelsmühle abgesehen - durchaus noch weitere Vorteile, wenn sich die Familien Kerz und Schwind auch außerhalb der Geschäftsbeziehungen miteinander verbinden würden. Im Sommer 1904 brachte Christine Schwind bei einem ihrer Besuche schließlich ihre zwanzigjährige Tochter Katharina

180 Familienarchiv.

181 Vgl. Gewerbe Anmeldungs-Register der Gemeinde Schweinheim vom 5. September 1874.

(1884–1952) in der Absicht mit auf die Dümpelsmühle, dass sich diese näher mit dem Sohn Karl bekannt machen sollte. Die junge Dame scheint von Anbeginn an den Vorstellungen einer passenden Schwiegertochter von Katharina Kerz entsprochen haben. Der Plan aber, dass sich zwischen den beiden jungen Leuten zarte Bande knüpfen sollten, ging jedoch nicht auf.

Im Herbst des Jahres 1904 verkündete Karl seiner Mutter in einem Brief, dass er *„[...] nicht im Geringsten die Absicht habe, das Frl. Schwind zu heiraten."*[182] Weiterhin eröffnete er seiner Mutter, dass er hingegen vorhabe, Eva Oberle, eine Landwirtstochter aus Schweinheim, zu seiner Frau zu machen. Die Mutter war nicht allein deshalb entsetzt, weil die auserkorene Braut aus ganz anderen wirtschaftlichen Verhältnissen stammte, als das Fräulein Schwind. Die Familie Oberle hatte sich insbesondere auch beim Schweinheimer Pfarrer Johann Georg Schweinfest (1850–1925) unbeliebt gemacht.

Der Vater, Valentin Oberle (1846-1909) - Schweinheimer Spitzname *„Rouder [roter, Anm. d. Verf.] Oberle"* -, betrieb eine kleine Landwirtschaft in der Obernauer Straße, alte Hs-Nr. 205 (heute Bischbergstraße) und war außerdem Jäger und Hausmetzger. Zu der Untugend, der Heiligen Messe wiederholt fernzubleiben, kam der Umstand, dass er außerdem immer wieder nicht genehmigte Hausschlachtungen durchführte, was dem Pfarrer zu Ohren gekommen war.

An einem Sonntagmittag sei Oberle am Pfarrhaus vorbeigegangen. Dort habe Pfarrer Schweinfest bei geöffnetem Fenster gerade herausgeschaut. Es soll dabei zu folgender Unterredung

182 Auszug aus dem Brief des Karl Kerz an seine Mutter Katharina Kerz, vom 18.10.1904, Familienarchiv.

gekommen sein:

Pfarrer Schweinfest: *„Na, Oberle, wieder einmal der Christenpflicht nicht nachgekommen und stattdessen eine fette Sau geschlachtet, wie?“* Daraufhin sei Oberle stehengeblieben, näher ans Fenster getreten und habe gesagt: *„Ja, so ist es, und dann gibt’s noch annere Säu', die gucke immerzu nur zum Fenster 'naus!“* Der Pfarrer sei derart brüskiert gewesen, dass er bei der nächsten Sonntagsmesse von der Kanzel herab über die Vernachlässigung der Christenpflicht und ihren Folgen gepredigt habe.[183]

Ihren Segen zur Einheirat in diese Familie konnte und wollte Katharina Kerz ihrem Sohn Karl nicht geben.

Zunächst hoffte man auch seitens der Familie Schwind auf Einsicht des jungen Mannes, doch Karl blieb bei seiner Entscheidung. Sie blieb auch unumstößlich, als die Mutter ihm mitteilte, dass sie die Dümpelsmühle nicht an ihn übergeben werde, sofern er Eva Oberle tatsächlich heirate. Auch die Mutter blieb bei ihrem Entschluss. *„Oberle kommt mir nicht ins Haus“*, seien die letzten Worte gewesen, die von ihr zu diesem Thema gesagt worden wären.[184] Es muss eine Liebesheirat gewesen sein, die Karl in Kauf nehmen ließ, auf die Übernahme der Dümpelsmühle zu verzichten, der er seit frühester Jugend seine gesamte Schaffenskraft gewidmet

---

183 Ein solcher geführter Dialog lässt sich nach weit über 100 Jahren natürlich nicht wortgetreu wiedergeben. Die erwähnte Begegnung wurde jedoch von vielen verschiedenen Personen, sowohl Nachkommen des Oberle, als auch älteren Schweinheimer Bürgern, bis ins 21. Jahrhundert nahezu deckungsgleich berichtet, so dass man davon ausgehen kann, dass sie tatsächlich so – oder zumindest ähnlich – stattgefunden haben muss.

184 Familienüberlieferung.

hatte. Am 23.02.1905 fand schließlich die Hochzeit von Karl Kerz und Eva Oberle in Schweinheim statt, der von der Familie Kerz niemand beiwohnte. Karl verließ noch am gleichen Tag die Dümpelsmühle und zog zunächst in das Haus der Schwiegereltern in der Obernauer Straße.[185]

Nachdem er den Wünschen seiner Mutter nicht entsprochen hatte, entschied diese schließlich, die Dümpelsmühle ihrem Sohn Peter zu übergeben. Obwohl als Buchhalter in Aschaffenburg angestellt, war auch er sehr in der Landwirtschaft verwurzelt und hatte sich insbesondere verstärkt der Geflügel- und Pferdezucht gewidmet. Bei der Junggeflügelschau, ausgerichtet durch den Geflügelzuchtverein Aschaffenburg-Land, waren im Jahr 1901 u.a. seine Rotländer, bei der unterfränkischen Kreis-Geflügelausstellung im Jahr 1903 seine „Schwarzen Italiener" und Ronen-Enten mit Preisurkunden prämiert worden.[186]

In Schweinheim sprach man nun erstmals von zwei Linien Kerz – die Familie Karl Kerz und die des Peter Kerz auf der Dümpelsmühle. Zu einem wirklichen Zerwürfnis zwischen den beiden Brüdern, wie manchmal behauptet, war es jedoch nicht gekommen. Zwar vermied es Karl, auf die Dümpelsmühle zu kommen; es ist aber überliefert, dass Katharina Kerz Besuche bei ihrem Sohn und auch ihren Enkelkindern in Schweinheim machte.

---

185 Karl Kerz erwarb im Jahr 1909 das 1899 von Georg Hettinger erbaute Anwesen in der Althohlstr. 36 in Schweinheim. Er war fortan als Landwirt, Fuhrunternehmer und Gastwirt „Zum Ross" tätig.

186 Vgl. Preisurkunden vom Juni und Oktober 1901, sowie vom Mai 1903, Familienarchiv.

Abbildung 28: Valentin Oberle (1846-1909). Landwirt, Jäger, Hausmetzger und ein Schweinheimer „Original“. Foto: Familienarchiv.

Abbildung 29: Karl Kerz heiratet am 23.02.1905 die Landwirtstochter Eva Oberle und nimmt damit in Kauf, die Dümpelsmühle nicht übergeben zu bekommen. Foto: Familienarchiv.

Nur vier Wochen nachdem der Sohn Karl geheiratet hatte, fand sich die Familie auf der Amtsstube des kgl. Notars Kühnlein ein. Da die Übergabe der Dümpelsmühle im Jahr 1905 die nachfolgenden Generationen häufig beschäftigte, erscheint es wichtig, den Notarvertrag näher zu betrachten. Er ist hier wortgetreu wiedergeben, lediglich auf die Aufzählung der Äcker und Wiesen wurde verzichtet:

„Gesch. Reg. No 636

Übergabevertrag

Heute den 23. März 1905 (dreiundzwanzigsten März eintausend neunhundert und fünf), sind vor mir, Justizrat Franz Kühnlein, k. Notar zu Aschaffenburg, auf der Amtskanzlei des k. Notariats Aschaffenburg I allda erschienen:

1. *Frau Katharina Kerz, eine geborene Reinhart, zu Schweinheim – Dümpelsmühle – Wittwe des Mühlbesitzers Johann Baptist Kerz von da, mit demselben im Güterstande des code civil verehelicht gewesen, nun mit den Kindern aus dieser Ehe im Güterrechtsverhältnisse nach dem in Hessen an Stelle vorbemerkter Rechte getretener Vorschriften stehend,*

2. *Die Kinder der Vorigen:*

   a.) Frau Maria Rothhan, eine geborene Kerz, zu Aschaffenburg, Ehegattin des k. Bahnexpeditors Herrn Heinrich Rothhan daselbst, mit diesem ihrem Ehemann;

b) Herr Johann Peter Kerz, lediger und volljähriger Kaufmann in Aschaffenburg, wohnhaft in Schweinheim;

c) Herr Matthias Heinrich Karl Kerz, Landwirt zu Schweinheim, verehelicht mit Eva, geborene Oberle, allda im Güterstande der Verwaltung und Nutznießung;

d) Sofia Apollonia Kerz, ledig und volljährige Tochter, ohne bestimmtes Gewerbe, in Schweinheim;

Die Rothhan'schen Ehegatten leben im gesetzlichen, und der Errungenschaftsgemeinschaft des Mainzer Landrechts übergeleiteten Güterstande des B.G.B.;

alle mir persönlich bekannt und ersuchten mich, folgenden Übergabevertrag zu beurkunden:

I. Die obige Frau Katharina Kerz, Wittwe, übergibt hiermit unter Zustimmung ihrer obengenannten Kinder das nachstehende Mühl- und Ökonomie-Anwesen, gelegen im Bezirke des k. Amtsgerichts Aschaffenburg und Rentamts I allda, bestehend aus:

A1 Steuergemeinde Schweinheim:

Plan No. 3127 zu: 0,128 ha, Wohnhaus No. 184 in Schweinheim mit Mahlmühle, Kellerhaus mit Keller, Halle, Scheuer, Pferdestall, Viehstall, Schweinestall, Backhaus, Waschhaus, Holzhalle, Wirtschaftsgebäude, Abort und Hofraum,

[Es folgt nun eine Aufzählung von insgesamt 70 einzelnen Grundstücken, Äckern und Wiesen in einer Größe von insgesamt 10,178 ha, Anm. d. Verf.]

samt allen mit diesen Realitäten verbundenen Rechten und Gerechtigkeiten, den gesamten niet- und nagelfesten Zubehörungen,

außerdem

die ganze Mühl- und Wirtschaftsein- und Vorrichtung und alle Inventarstücke, die zum Betriebe der Müllerei und Gastwirtschaft in dem obigen Anwesen dienen, während die sonstige Mobiliarschaft und das Vieh vorbehalten bleibt,

an

obigen Herrn Johann Peter Kerz, Kaufmann, wohnhaft in Schweinheim

zum Eigentum um den vereinbarten Übergabepreis von:

25000 Mark (fünfundzwanzigtausend Mark).

II. Dieser Übergabepreis wird ausgewiesen und berichtigt wie folgt:

Auf den im Hypothekenbuche für Schweinheim Band VI Seite 593 vorgetragenen Realitäten, auf Plan No. 3127 dieser Gemeinde und auf den im Hypothekenbuche für Aschaffenburg, Band XIII Seite 270 vorgetragenen Grundstücken lasten derzeit folgende Hypotheken des Universitätsprofessors Leo Gerlach in Erlangen:

616 fl. 5 Kr.

500 fl. Und

2000 fl., zusammen: 3116 fl 5 Kr.

Dreitausendeinhundertsechzehn Gulden fünf Kreuzer, Gesamtkapitalien gleich 5341 Mark 85 Pf.

Fünftausenddreihunderteinundvierzig Mark und fünfundachtzig Pfennig, mit einer Nebenkaution für sämtliche Kapitalien von 450 fl.

Vierhundertfünfzig Gulden

Gleich: 771 Mark 42 Pf.

Siebenhunderteinundsiebzig Mark und zweiundvierzig Pfennig.

Diese Hypotheken sind durch Teilzahlungen herabgemindert auf:

4000 Mark.

Diese Kapitalbelastung übernimmt nun hiermit der Erwerber gegen Abrechnung am Übergabepreis als seine eigene und persönliche Schuld, unter dem Eintritte in die Zinszahlungspflicht von heute an und in die dingliche Haftung bezüglich der schon abgezahlten, aber im Hypothekenbuche noch nicht gelöschten Kapitalwerte.

Der demnach noch verbleibende Übergabepreisrest zu 21000 Mark – einundzwanzigtausend Mark ist von heute ab alljährlich mit vier Prozent in halbjährigen Raten zu verzinsen und nebst etwaigen Stückzinsen in einem Vierteljahre nach geschehener, beiden Teilen jederzeit freistehender Kündigung an die übergebende Wittwe Frau Katharina Kerz bar zu bezahlen.

III. Es wird übergebenderseits dafür gehaftet, daß die derzeit im Hypothekenbuche noch eingetragenen

Streichschillinge der Metzgerseheleute Karl Friedrich und Margareta Fritz in Aschaffenburg auf Plan No. 3017 der Steuergemeinde Schweinheim von: 127 Mark – einhundertsiebenundzwanzwig Mark – beziehungsweise der ledigen Anna Maria Guck von Aschaffenburg auf Plan No. 3191 der Steuergemeinde Schweinheim von 25 Mark – fünfundzwanzig Mark – abgezahlt sind und baldtunlichst zur Löschung gebracht werden. Schuldnerin willigt auch in die Löschung im Hypothekenbuche,

Außerdem wird übergebenderseits dafür gehaftet, daß außer den Gerlach'schen Hypotheken und vorstehenden Einträgen sonstige hypothekische Belastungen derzeit nicht bestehen und daß die Forderung des vorgenannten Herrn Gerlach tatsächlich nur nach in dem vom Erwerber übernommenen Effektivreste zu viertausend Mark besteht; in anderer Richtung wird nicht gewährt.

IV. Die Übergabe zum Eigentum mit Nutzen und Gefahr an den Erwerbenden ist erfolgt. Derselbe räumt hiermit seiner Mutter:

Frau Katharina Kerz in dem obigen Wohnhause das lebenslängliche, unentgeltliche Wohnsitz- und Mitbenutzungsrecht ein. Als Wohnung wird der Berechtigten die vordere große Stube im oberen Stocke ausschließlich und zur Mitbenutzung nach Bedarf die Küche, die Waschküche, das Holzhaus, der Keller und die übrigen Räumlichkeiten überlassen.

Die Wittwe Kerz kann ihre noch ledige Tochter Sofia Apollonia bei sich in ihrer Wohnung bis zu deren Stan-

desveränderung behalten. Im Fall diese Tochter beim Ableben der Wittwe Kerz noch ledigen Standes ist, wird der Sofie Apollonia Kerz vom Erwerber das hintere kleine Zimmer gegen die Weise als Wohnung unentgeltlich bis zur Standesveränderung, eventuell auf Lebenszeit überlassen.

Auf Sicherung dieses Rechtes der vorgenannten Tochter wird von derselben verzichtet. Dagegen sollen die Rechte der Wittwe Kerz sofort auf Plan No. 3127 der Steuergemeinde Schweinheim in zweiter Abteilung des Hypothekenbuches eingetragen werden, was hiermit bewilligt und beantragt wird.

V. *Das Wohnsitz- und Mitbenutzungsrecht der Übergeberin wird hiermit pro Jahr auf 100 M – einhundert Mark – angeschlagen, welcher Anschlag der Berechtigten als jährliche Entschädigung in Barem zu zahlen ist, sobald dieselbe aus einem triftigen Grunde gezwungen sein sollte, auszuziehen und sich anderwärts einzumieten.*

Das Recht der ledigen Sofia Apollonia Kerz wird nur der Gebührenbewertung halber pro Jahr auf: 20 Mark – zwanzig Mark angeschlagen.

VI. *Steuern, Lasten und Abgaben aller Art übernimmt der Erwerber vom letztverflossenen Neujahre an.*

VII. *Die Besitzumschreibung auf den Übernehmer in den öffentlichen Büchern, sowie die Eintragung desselben als Eigentümer im Hypothekenbuche wird hiermit bewilligt und beantragt.*

VIII. *Die Kosten werden vom Übernehmer getragen*

und sollen dieser und die Übergeberin je eine Ausfertigung dieser Urkunde erhalten.

Der Ehemann Herr Heinrich Rothhan erteilt zu diesem Akte seine Zustimmung.

Das Hypothekenbuch wurde eingesehen.

Die Vertragsobjekte sind vorgetragen im Hypothekenbuche für Schweinheim, Band VI Seite 593, Band VIII Seite 217, 500, 471, 669, Band XII Seite 317, 304, Band IX Seite 339, 449, Band X Seite 108, 551 und für Aschaffenburg Band XIV Seite 270, soweit sie nicht belastfrei sind. Außer den erwähnten Hypotheken bestehen derzeit keine Einträge. Auf dem Gesamtbesitz der Steuergemeinde Schweinheim lasten zwei Mark fünfundzwanzig Pfennig und siebzig Pfennig jährliche Bodenzinse, auf dem Gesamtbesitze der Steuergemeinde Aschaffenburg neunundfünfzig Pfennig jährliche Bodenzinse laut amtlichen Zeugnisses vom Heutigen.

Schließlich wird noch vereinbart was folgt:

Falls der Übernehmer die Vertragsobjekte innerhalb der ersten zehn Jahre von heute an weiter veräußert und gegenüber dem heutigen Erwerbspreise unter Beibehaltung der stipendirten Rechte der Wittwe Kerz und der Tochter Sofia Apollonia Kerz in dem obigen Anwesen, die also fortbestehen würden, einen höheren Erlös erzielt, ist der Erwerber verpflichtet, den Mehrerlös seiner Mutter Katharina Kerz zur Verfügung zu stellen. Falls die Veräußerung erfolgt unter dem heutigen Übernahmspreise, ist Frau Kerz verpflichtet, den Differenzbetrag zwischen Erwerbs- und Veräuße-

rungspreis dem heutigen Erwerber zu ersetzen. Die auf die Verbesserung des Anwesens dem Erwerber entstehenden Kosten und Auslagen und die Gebühren dieses Aktes kommen dem Erwerber selbst zu gute und werden selbstredend an dem etwaigen Mehrerlöse abgezogen.

Vorgelesen vom Notar, von den Beteiligten genehmigt und eigenhändig unterschrieben.

Katharina Kerz

Maria Rothhan

Heinrich Rothhan

Johann Peter Kerz

Matthias Heinrich Karl Kerz

Sofia Apollonia Kerz

Kühnlein Notar"[187]

187 Staatsarchiv Würzburg, Notariat I Aschaffenburg, Gesch.Reg.Nr. 636/1905.

Die Übergabe der Dümpelsmühle der Katharina Kerz an ihren Sohn Peter Kerz stellte also keineswegs eine Schenkung, sondern einen Kaufvertrag dar. Die anderen Kinder der Katharina Kerz, die diesen Vertrag allesamt ja auch unterzeichneten, erfuhren hierdurch keinerlei Benachteiligung. Der einzige Vorteil des Peter Kerz bestand darin, dass er den Kaufpreis zunächst nicht zu entrichten, sondern an seine Mutter lediglich Zinsen in Höhe von 4 Prozent zu zahlen hatte. Außerhalb des Notarvertrags wurde zusätzlich vereinbart, dass Peter Kerz von dem zu verzinsenden Betrag sein ihm zustehendes Erbteil in Höhe von ¼ in Abzug bringen konnte. Vom verbliebenen Betrag zahlte er seiner Mutter monatlich bar die Zinsen aus. Ein noch erhaltenes Notizbuch, das mit *„Zinsen-Quittungsbuch Mutter Kerz"* beschriftet ist, enthält von 1906 bis zum Tode der Katharina Kerz im Jahr 1916 lückenlos die Eintragungen über die monatlichen Zinszahlungen, die diese mit Unterschrift bestätigte.[188] Die Zinszahlungen stellten für Katharina Kerz eine kleine Rente dar, während dadurch das Kapital des Verkaufserlöses auch im Hinblick auf die Erbteile ihrer übrigen Kinder erhalten blieb. Aus dem Viehbestand der Mutter, der bei der Übergabe vorbehalten war, erhielt der Sohn Karl außerdem zwei Pferde, eine Kuh und ein Kälbchen.[189]

In Schweinheim war es selbstverständlich nicht verborgen geblieben, dass der Sohn Peter Kerz, der ja eigentlich Kaufmann war, nun die Dümpelsmühle übernommen hatte. Noch dazu war Peter Kerz ein Mann in den besten Jahren und außerdem noch immer unverheiratet. Bei einem sonntäglichen Kirchgang sei es nun zur folgenden Begebenheit gekommen, die – wenn

188 Vgl. Zinsen- Quittungsbuch Mutter Kerz, Familienarchiv.
189 Bestätigung über den Erhalt der Tiere, quittiert von Karl Kerz am 27.03.1905, Familienarchiv.

man der Überlieferung glauben schenken mag – das Schicksal zweier Menschen besiegelte. In der ersten Bank saßen die Familien Kerz und Schwind nahe beieinander. Katharina Kerz war mit ihrer Tochter Sofia Apollonia und ihrem Sohn Peter gekommen. Daneben saßen das Fräulein Katharina Schwind, zu ihrer Rechten ihre Mutter Christine Schwind. Während seiner Predigt über Ehe und Familie machte Pfarrer Schweinfest eine Pause, kam von der Kanzel herunter, trat vor die erste Bank und sprach: *„Die christliche Ehe ist der von Gott eingesetzte, gesegnete, keusche Bund der Liebe; denn Gott der Herr sprach: Es ist nicht gut, dass der Mensch allein sei; ich will ihm eine Gehilfin machen, die um ihn sei."*

Bei diesen Worten habe der Pfarrer die Hand des Peter Kerz genommen und sie auf die des Fräulein Schwind gelegt. Noch Jahrzehnte später sprach man in Schweinheim davon, dass Pfarrer Schweinfest so die Ehe gestiftet und die versammelte Kirchengemeinde dazu als Zeugen berufen hatte.[190] Wie innerhalb der Familie aber später bekannt wurde, war das Vorgehen des Pfarrers mit Katharina Kerz besprochen gewesen, die sich ihre zukünftige Schwiegertochter bereits vor mehreren Jahren auserkoren hatte. Während man in Schweinheim gedanklich schon Hochzeitsvorbereitungen traf, geben zwei erhalten gebliebene kurze Korrespondenzkarten aus dieser Zeit einen Eindruck darüber, wie sich die auserwählten Brautleute in diese Situation erst einfinden mussten:

„Geehrtestes Fräulein Käthchen!

Im Besitze Ihrer ehrenw. Zeilen danke ich Ihnen bestens dafür, möchte Sie jedoch höflichst bitten, gebotenes Rendez-vous, statt am Freitag am Samstag stattfinden lassen

190 Familienüberlieferung.

zu wollen. Ich hoffe Sie hiermit einverstanden und werde mich also am Samstag zur angegebenen Zeit einfinden. Seien Sie inzwischen herzlich gegrüßt.

Peter Kerz"[191]

Antwort des Frl. Katharina Schwind, in einem mit *„Wohlgeboren Herrn Peter Kerz, Dimpels-Mühle, hier"*, adressierten Umschlag:

„Sehr geehrter Herr Kerz!

Bedauere sehr Ihnen mitteilen zu müssen, daß es mir unmöglich ist, Ihrer Bitte nachzukommen, bin aber ganz gerne bereit, Ihnen Gelegenheit zum gegenseitigen Aussprechen zu geben – vielleicht von halb eins bis ein Uhr auf dem Kirchhof. Erwarte hierüber Ihren Bescheid. Herzl. Gruß, Käthchen."[192]

Die zaghaften Rendezvous sollten jedoch nicht von allzu langer Dauer sein. Schließlich wurde das Aufgebot bestellt. Am 31.01.1907 schlossen Peter Kerz und Katharina Schwind in Schweinheim vor Pfarrer Schweinfest den Bund fürs Leben. Als Ehegelübde wählten die Brautleute einen Auszug aus dem Lied *„Zwei Hände wollen heute sich"* von Karl Friedrich von Gerock und Carl Stein:

Zwei Hände wollen heute sich an heilger Stätte fassen, sich halten treu und inniglich und nimmermehr sich lassen.

Doch festzuzieh'n solch Liebesband soll helfen eine andre Hand, soll Gotteshand zum Segen sich auf die eure legen.

Zwei Zungen wollen heut ein Wort, ein heilig Ja sich geben,

191 Familienarchiv.
192 Ebd.

das kurze Wort, oh kling es fort, durchs ganze lange Leben.

Doch dass dies Ja gesegnet sei, ertöne noch ein Ja dabei; erschall aus Gottes Munde das Ja zu eurem Bunde.

Zwei Herzen brennen fröhlich heut in einer Liebe Flammen und halten fest in Leid und Freud von heute an zusammen.

Doch dass da bleibe Herz an Herz, so haltet fleißig himmelwärts zum Vaterherzen droben die eurigen gehoben.

Zwei Namen wollen heute gern in einen sich verschlingen, den ihren will dem Eheherrn die Braut zum Opfer bringen.

Doch soll der Bund gesegnet sein , so klinge noch ein Name drein, so kling in Gottes Namen, zu Eurem Ja das Amen. Ja, Gott in eurer Mitte sei stets im Bund der Dritte.

Abbildung 30: Die erste Schweinheimer Braut in Weiß. Hochzeit von Katharina Schwind und Peter Kerz am 31.01.1907. Foto: Familienarchiv.

Abbildung 31: Die Eltern der Katharina Schwind: Brauereibesitzer August Schwind (1854-1903) mit seiner Ehefrau Christine, geb. Eckert (1856-1916). Foto: Familienarchiv.

Abbildung 32: Die außergewöhnliche Bowle von Villeroy & Boch mit Jugendstilmotiven war ein Geschenk zur Hochzeit von Peter und Katharina Kerz. Foto: F. J. Kerz.

Abbildung 33: Große Kuckucksuhr. Viertelstündiger Wachtelruf „Fürchte Gott“. Die vollen Stunden werden vom Kuckuck ausgerufen. Auch sie war ein Geschenk zur Hochzeit von Peter und Katharina Kerz. Foto: F. J. Kerz.

Während das Heiraten in Weiß für die Braut erst ab etwa 1920 – in manchen ländlichen Gegenden gar noch später – in Mode kam, zeigt das Hochzeitsbild des Ehepaars Kerz eine Besonderheit. Bereits im Jahr 1907 trug Katharina Kerz ein weißes Brautkleid mit bodenlangem Schleier. Sie dürfte die erste weiße Braut Schweinheims gewesen sein, denn auch in der Ausstellung des Schweinheimer Heimat- und Geschichtsvereins, bei der über 100 Brautbilder gezeigt wurden, fand sich kein Foto aus gleicher Zeit, auf dem eine andere Braut ebenfalls in Weiß geheiratet hatte.[193] Das *Main-Echo* bemerkte in einem Artikel zur Ausstellung ebenfalls: *„Die erste fotografisch belegte »weiße Braut« ist die wohlbegüterte Brauerstochter Katharina Schwind.“*[194] Das Hochzeitsbild gab noch einen weiteren Anlass zur Verwunderung. Eher unüblich, sitzt der Bräutigam mit übereinander geschlagenen Beinen in einem Scherenstuhl, während die Braut vom Fotografen stehend neben ihn positioniert wurde und ihre Hand auf seine Schulter legt. Es mag nicht erstaunen, dass die Hochzeit Kerz-Schwind in Schweinheim für allerhand Gesprächsstoff sorgte. Nicht immer waren es wohlgesonnene Kommentare, die hierzu abgegeben wurden.

„Gell, mein lieber Betbruder, so kommt eben Geld zu Geld“, soll der bereits erwähnte Valentin Oberle bei einem erneuten Zusammentreffen mit Pfarrer Schweinfest gesagt und damit darauf angespielt haben, dass der Pfarrer die Ehe arrangiert hätte. Als dieser, aufgebracht, als „Betbruder“ tituliert worden zu sein, lautstark etwas entgegnen hätte wollen, habe Oberle ihm das Wort abgeschnitten und gesagt: *„Ich nenn' Euch Bet-*

193 Die Ausstellung fand im Mai 2015 in der Geschäftsstelle des Heimat- und Geschichtsvereins Schweinheim e.V. in der Marienstraße 25 statt.

194 Main-Echo, Schweinheim vor dem Traualtar vom 19.05.2015

bruder, damit ich nicht Spitzbu' sagen muss.“[195] Ein weitere Begegnung zwischen Pfarrer Schweinfest und Valentin Oberle ist allerdings nicht überliefert. Oberles Leben endete am 27. November 1909 tragisch: während des Fütterns wurde er von seinem Ochsen auf die Hörner genommen und erlag noch am gleichen Tag seinen tödlichen Verletzungen.

In Schweinheim war es allerdings in der Tat kein Geheimnis, dass Katharina Schwind mit einer ansehnlichen Mitgift ausgestattet war; nicht zuletzt auch deshalb, weil die Familie Schwind in der Dümpelsmühle erhebliches Potential für den Absatz ihrer Brauereierzeugnisse sah.

Außer den Geldmitteln, die so auf die Dümpelsmühle kamen, waren die Brüder der Katharina Schwind außerdem eigens nach Frankfurt gefahren, um für ihre Schwester dort eine standesgemäße Mobiliarausstattung auszusuchen.

Mit dem Einzug der jungen Frau Kerz standen auf der Dümpelsmühle einige einschneidende Änderungen bevor. Die alte Katharina Kerz bewohnte mit ihrer ledigen Tochter Sofia Apollonia fortan im ersten Stock des Mühlhauses, ihrem Austrag, zwei Zimmer. Von der guten Stube aus konnte sie den gesamten Hof überblicken. Ihr fiel es schwer, sich als eine einst tatkräftige und unternehmerische Frau in die Rolle der Schwiegermutter auf dem Altenteil einzufügen. So richtete sie vom Fenster aus manch tadelndes Kommando an ihre Schwiegertochter. Diese aber, sich ihrer Herkunft bewusst, ließ sich davon nicht beeindrucken. Peter Kerz, ein eher zurückhaltender und harmoniebedürftiger Mann, versuchte mit Sanftmut zu vermitteln. Er stand zu seiner Frau, hing aber auch mit kindlicher Liebe an seiner Mutter und war stets um Eintracht

195 Familienüberlieferung.

bemüht. Da sich das Verhältnis zwischen Schwiegermutter und Schwiegertochter nie wirklich verbesserte, nutzte er hin und wieder die Abwesenheit seiner Frau, um seine Mutter mit kleinen Aufmerksamkeiten oder Lebensmitteln, wie bspw. einem gebratenen Täubchen zu versorgen.[196]

Das junge Ehepaar Kerz sah sich der Herausforderung gegenüber, nicht nur Landwirtschaft und Mühlenbetrieb, sondern auch Gaststätte zu führen. Längst hatte es sich herumgesprochen, dass auf der Dümpelsmühle nicht nur ein zünftiges Vesperbrot und gutes Bier serviert wurde, sondern auch noch die prächtigsten Hühner, Gänse und seltene Vögel bewundert werden konnten.

Im Frühling des Jahres 1906, wurde Dr. Karl Kihn (1854-1934), der bis heute als einer der größten Pioniere und Förderer des Spessarts gilt, schließlich auf die Dümpelsmühle aufmerksam und war von ihrer idyllischen Alleinlage beeindruckt. Kihn stammte aus Michelbach und hatte nach einem Medizinstudium in Würzburg zunächst als Arzt in Großauheim praktiziert, sich dann aber in Aschaffenburg niedergelassen. Bereits 1876 war er der Begründer vom *Freigerichter Bund* gewesen, der als ältester Wanderverein im Spessart gilt. Es war auf sein Betreiben, als sich 1913 alle Wandervereine der Region im *Spessartbund* vereinigten. War Dr. Kihn bislang nur als Wirtshausgast auf die Dümpelsmühle gekommen, entwickelte sich zwischen ihm und Peter Kerz ein fast freundschaftliches Verhältnis und schon bald verkehrten beide regelmäßig miteinander. Dr. Kihn sprach von seinen Visionen über goldene Zeiten, die dem Spessart künftig bevorstünden, wenn man die Möglichkeiten nur nutzte. Er war der Meinung, dass die Er-

196 Familienüberlieferung.

schließung des Spessarts durch die Staatseisenbahnen das allergrößte Potential böte. Die Dümpelsmühle, sozusagen am Tor zum Spessart liegend, aber besonders durch das nahe Aschaffenburg, sowohl von Würzburg, Frankfurt und Darmstadt hervorragend erreichbar, könne durch diese Entwicklung erheblich profitieren. Das Anwesen sei durch seine herrliche Alleinlage geradezu dazu prädestiniert, um zur Sommerfrische für Erholungsgäste ausgebaut zu werden. Die Ermutigung und die lobenden Worte über das Anwesen Dümpelsmühle ließen die Begeisterung auch auf Peter Kerz übergehen, der, offen für die Veränderungen des gerade begonnenen 20. Jahrhunderts, glaubte, dadurch seine Existenz weiter festigen und ausbauen zu können. Die damaligen Räumlichkeiten ermöglichten allerdings keine Aufnahme von Sommergästen, weshalb Peter Kerz eine weitreichende Entscheidung traf: das 1894 von seiner Mutter errichtete Wirtslokal sollte einem großen Neubau weichen, der genügend Platz, sowohl für Wirtschaftslokalitäten, als auch Fremdenzimmer und Wohnung der Familie Kerz bieten würde.

Im Juni 1906 wurden die renommierten aus Frankfurt stammenden Architekten Hermann Reichard und Hans Wild[197] beauftragt, Pläne für den Um- und Neubau anzufertigen. Nach Fertigstellung der Pläne stellte sich das Ausmaß des Vorhabens wie folgt dar: von der alten Gaststätte sollte der Dachstuhl abgetragen, die alten Räumlichkeiten überbaut und fortan als

197 Hermann Reichard war bereits seit 1875 als Architekt in Aschaffenburg tätig. Als Architekten-Duo Reichard & Wild lieferten sie zahlreiche Entwürfe für Bauten in Aschaffenburg, von denen viele zu Baudenkmälern geworden sind. Aus ihrer Feder stammen auch die Pläne zu der gemeinsam mit Anton Gentil (1867-1951) entworfenen Stadtvilla in Aschaffenburg, Lindenallee, 26, die fast zeitgleich mit den Plänen für die Dümpelsmühle entstanden.

Teil des neuen Erdgeschosses erhalten bleiben.[198] Auf über 2000 Quadratmetern umbauten Raumes sollte ein dreigeschossiges, Gast-, Pensions- und Wohnhaus entstehen. Hierzu war eine Wohn- und Geschäftsfläche von etwa 475 Quadratmetern vorgesehen. Die Architekten Reichard und Wild überredeten Kerz schließlich auch zu einem zusätzlichen Turmanbau, der nicht nur den Treppenaufgang ins zweite Obergeschoss beherbergen, sondern dem Anwesen anstelle des bäuerlichen Charakters ein etwas herrschaftliches Erscheinungsbild verleihen sollte.

Der Um- bzw. Neubau wurde im Sommer 1906 begonnen und in Massiv- und Fachwerkbauweise mit voll ausgebautem Dachgeschoss und Dacheindeckung in Biberschwanzziegeln umgesetzt.

Zum Innenausbau gehörte u.a. ein Badezimmer samt freistehender Badewanne mit Löwenfüßen.[199] Die Wirtschaft Dümpelsmühle teilte sich künftig in den eigentlichen Gastraum mit einer Fläche von 45 m², sowie den halbhoch mit Holzkassetten vertäfelten Saal mit etwa 50 m² auf, in dem größere und separate Feierlichkeiten abgehalten werden konnten. Die Räumlichkeiten wurden mit 72 Kaffeehausstühlen möbliert, die eigens aus Wien angeliefert wurden.[200] Um im Saal eine behagliche Wärme gewährleisten zu können, wurde ein imposanter Kachelofen mit grünen Jugendstil Ornamentka-

---

198 Heute findet man im alten Wohn- und Gasthaus eine Teilunterkellerung von etwa 60 % vor, die dem Grundriss des alten Gebäudes vor seiner Erweiterung von 1906/07 entspricht.

199 Der mündlichen Überlieferung nach, sei die Badewanne auf der Dümpelsmühle die erste in Schweinheim überhaupt gewesen. Kurz darauf sei eine Badewanne ins Pfarrhaus, eine weitere ins Haus des Bürgermeisters geliefert worden.

200 Familienarchiv.

cheln gesetzt, die verschiedene Ansichten von Burgen und Schlössern zeigten. Eine Zwillingsanfertigung des 2,25 m hohen Ofens wurde zeitgleich ins Schloss Mespelbrunn geliefert.[201] Auch die Einrichtung eines Telefonanschlusses (Fernsprechnr. 509) sollte Teil der modernen Ausstattung werden und den künftigen Gästen weitere Annehmlichkeiten bieten.

In den Außenanlagen wurde ein Garten angelegt, der mit von Wildem Wein berankten Spalieren umgeben war. In dessen Mitte entstand ein steinerner Springbrunnen mit umliegenden Bänken, die zum Verweilen einluden, während zusätzlich ein geräumiges, in die malerische Anlage eingebettetes Tanzpodium für sommerliche Tanzvergnügen eingerichtet wurde. Ferner installierte man eine kleine Badeeinrichtung, um auch auf der Dümpelsmühle die sehr populär gewordenen Kneippkuren durchführen zu können. Für die Beschäftigung der Kleinen sorgte ein großer Kinderspielplatz und eine zugfreie Sommerhalle garantierte angenehmen Aufenthalt selbst bei Regenwetter.

Das Bauvorhaben stellte in seinen Dimensionen schließlich ein kaum zu stemmendes Unterfangen dar. Die Hoffnung und Aussicht auf die prognostizierte blühende Zukunft des Spessarts und die Scharen von Sommerfrischlern, die der Dümpelsmühle ins Haus stehen sollten, ließen Peter Kerz das Wagnis eingehen, das letztendlich sein gesamtes Vermögen und die nicht unerhebliche Mitgift seiner Frau vollends verschlangen. Die Gesamtkosten beliefen sich schließlich auf über 40.000

201 Der Kachelofen auf der Dümpelsmühle wurde in den Jahren 1952/53, als die Zentralheizung Einzug nahm, rückgebaut. Auch die Zwillingsanfertigung auf Schloss Mespelbrunn fiel nur wenige Jahre später Modernisierungsmaßnahmen zum Opfer.

Mark.[202] Eine unvorstellbare Summe, bei der zu bedenken ist, dass er nur zwei Jahre zuvor das gesamte Anwesen von seiner Mutter zum Preis von 25.000 Mark übernommen hatte.

Im April 1907, nach nur zehn Monaten Bauzeit, eröffnete die „neue" Dümpelsmühle ihre Pforten für Gäste und Besucher. Tatsächlich gingen bald vor allem aus Frankfurt Telegramme und Ferngespräche mit Zimmeranfragen ein und als sich der Mai frühsommerlich warm ankündigte, war die Gartenwirtschaft an den Öffnungstagen häufig bis auf den letzten Platz belegt. Auch eine Notiz der Zeitschrift *Spessart* in ihrer Ausgabe vom 5. Mai 1907 klingt vielversprechend:

„Mit großer Befriedigung heben wir die Umgestaltung der Dümpelsmühle im reizenden Gailbacher Tälchen am Fuße der Hohen Warte hervor: Waldluft, Wiesenduft, herrliche Ausblicke, Sommerhallen, Terrassen, der schöne Bauernhof mit Ziergeflügel, gute Restauration und Logierräume erfreuen den Besucher und Erholungsbedürftigen. Der Verkehr an Sonn- und Feiertagen ist jetzt schon recht zahlreich."[203]

In der folgenden Ausgabe *Spessart* schrieb die Redaktion:

„Der Besitzer der Dümpelsmühle hat eine hübsche Broschüre über dieselbe und ihrer reizenden Umgebung erscheinen lassen, die jedem Sommerfrischeinteressenten als Gratisgabe auf Wunsch zugesandt wird."[204]

Jenem Eröffnungsprospekt lässt sich entnehmen, dass es nicht zuletzt die treibende Kraft des Dr. Karl Kihn, einer der Gründer der Zeitschrift *„Spessart"* im Jahr 1906, war, den Ausbau

202 Kumulierte Baukosten 1906/07, Familienarchiv.
203 Spessart, Illustrierte Monatsschrift Nr. 2/1907 vom 5. Mai 1907, S. 12
204 Spessart, Illustrierte Monatsschrift Nr. 3/1907 vom 5. Juni 1907, S. 12

der Dümpelsmühle in Angriff zu nehmen.

„Man möchte es die Ouvertüre zum Spessart nennen, das liebliche bergumfriedete Tal, in dem malerisch gebettet die reizende Sommerfrische Dümpelsmühle liegt, die uns von Berg zu Tale steigend, schon von weitem einladend zuruft: Hier wehen Waldesluft und Wiesenduft! Hier ist gut sein! In nächster Nähe herrlicher Nadel- und Buchenwaldungen am Eingange des reizenden, kühlen Gailbacher Tales, das schon von König Ludwig I. mit Vorliebe besucht wurde[205]*, idyllisch gelegen, galt dieses lauschige Plätzchen Erde schon seit langer Zeit als beliebter Ausflugsort, nicht nur Aschaffenburgs, dieses bayerischen Nizzas, sondern auch der durch die Staatsbahnen bequem zu erreichenden umliegenden Städte wie Darmstadt, Frankfurt, Offenbach, Hanau etc. Erst im Jahr 1906 wurde auf vielfache Anregungen hin, insbesondere aber auf Veranlassung des Spessart-Vereins Aschaffenburg, die stille, einsame Mühle zu einer Sommerfrische und Luftkurort im modernen Sinne ausgebaut, und bietet das gastfreundliche Haus heute den denkbar angenehmsten Aufenthaltsort für Erholungsbedürftige und Touristen.“*[206]

In elf komfortabel eingerichteten Zimmern, teilweise mit Balkon und Aussicht auf die benachbarten Spessartberge, sollten die Sommerfrischler Erholung vom eintönigen Stadtleben finden. Für Wanderer waren vom Gailbacher Tal aus Stengerts,

---

205 König Ludwig I. von Bayern (1786-1868) scheint bei seinen Aufenthalten in Aschaffenburg tatsächlich mehrmals das Gailbachtal besucht zu haben. So soll er bspw. dem Findberg den Namen „deutscher Vesuv“ gegeben haben. Vgl. „Durch und um Aschaffenburg“, I. Teil, Commissions-Verlag der A. Wailandt'schen Buchhandlung, Aschaffenburg, 1878, S. 48

206 Sommerfrische & Luftkurort Dümpelsmühle, Wailandt'sche Druckerei Aschaffenburg, 1907, S. 5-6

Findberg, Hohe Warte und das damals sehr beliebte Bad Sodenthal gut zu erreichen. Für Gäste, die es vorzogen, sich tagsüber auf der Dümpelsmühle aufzuhalten, bot der malerische Garten mit seinen verschiedenen Terrassen und Bänken Rückzugsmöglichkeiten in der Natur. Um die Wildvögel in den nahen Wäldern beobachten zu können, wurde für die Städter ein hochwertiger Prismenfeldstecher mit passendem Stativ angeschafft. Für weitere Ausflugsfahrten standen den Gästen Gespanne, Jagdwagen und Halbverdeck zur Verfügung. Zum Service des Hauses gehörte es ebenfalls, dass die Sommergäste vom Bahnhof aus mit dem Wagen abgeholt wurden. Hielten sich die Gäste tagsüber in Aschaffenburg aus, so konnten sie von dort aus nach der Dümpelsmühle – Fernsprecher Nr. 509 – telephonieren, um bei ihrer Heimkehr am Abend *„Delikatessen der Saison“*[207] und *„stets einen gedeckten Tisch vorzufinden.“*[208]

Die Dümpelsmühle bescherte den Erholungssuchenden nicht nur die Annehmlichkeiten eines exklusiven modernen Hauses, sondern bot dem von der zunehmenden Industrialisierung übersättigten gutbürgerlichen Publikum außerdem die Idylle des echten deutschen Bauernhofs. Die städtischen Damen waren von den seinerzeit populären Milch- und Molkekuren angetan, schnupperten echte Landluft und bewunderten dabei die sauberen Stallungen auf der Dümpelsmühle. Auch für die Kinder bot ein Spielplatz in der Nähe des Mühlbaches zahlreiche Möglichkeiten zum kurzweiligen Zeitvertreib. Eine Hauptattraktion war der zahme Storch, der den Volksmund, der besagte, dass Störche nicht auf Mühlen nisten, Lügen strafte. Der

207 Sommerfrische & Luftkurort Dümpelsmühle, Wailandt'sche Druckerei Aschaffenburg, 1907, S. 12

208 Ebd.

Storch ließ sich sogar auf den Arm nehmen und verließ die Dümpelsmühle selbst im Winter nicht.

1908 war das erste Kind von Peter und Katharina Kerz geboren worden, das den Namen Christine erhalten hatte. Nach der Geburt der Tochter setzte Peter Kerz insgesamt acht kleine Kastanienbäume, die den Besuchern der Gartenwirtschaft Jahrzehnte später mit ihrem dichten, breitgefächerten Laubwerk angenehmen Schatten spendeten.

Die Familie selbst bezog Räumlichkeiten im ersten Stockwerk des neuen Hauses. Im Erdgeschoss lag hinter der Küche das sog. „Stübchen“, das mit Tisch und Stühlen, einer Chaiselongue, einem Nähtisch, einem Schreibtisch und Regulatoruhr möbliert war. Der Raum diente Peter Kerz als Arbeitszimmer und der Familie als Wohn- und Esszimmer. Der Begriff „Stübchen“ wurde von der Familie weit bis ins 20. Jahrhundert hinein verwendet und der Raum auch entsprechend genutzt.

Abbildung 34: Planzeichnung der Hofseite des Neubaus (Architekten Reichard und Wild) vom Juli 1906. Familienarchiv.

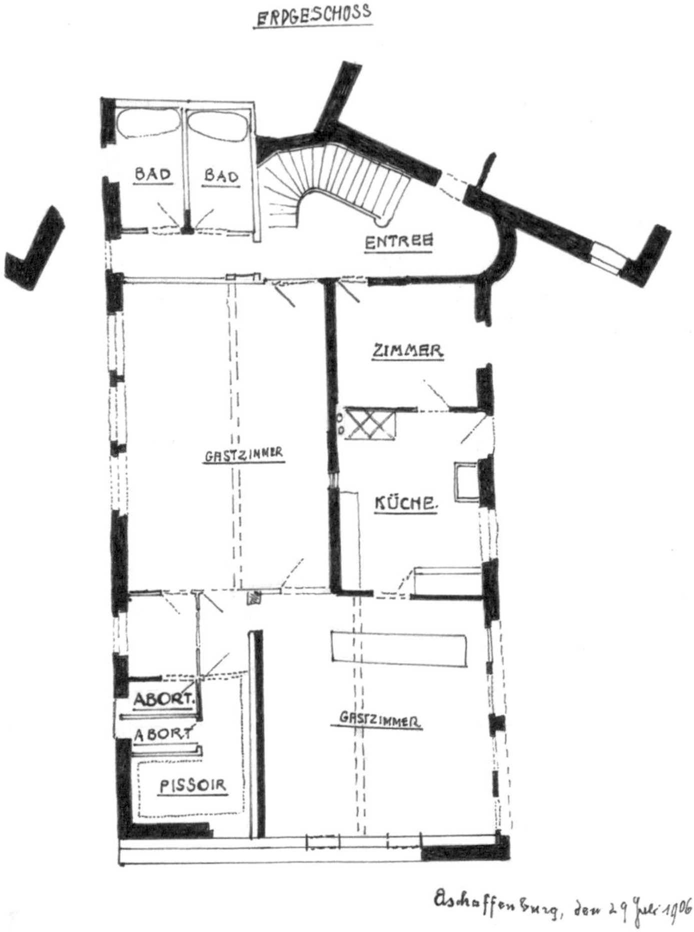

Abbildung 35: Grundriss des neuen Erdgeschosses mit Gastwirtschaft und Saal. Familienarchiv.

Abbildung 36: Titelseite des Eröffnungsprospekts „Sommerfrische & Luftkurort Dümpelsmühle“ von 1907. Familienarchiv.

Abbildung 37: Die erste Ansichtskarte der neuen „Sommerfrische Dümpellsmühle“ aus dem Jahr 1907 mit Motiven der Außenanlagen. Familienarchiv.

Abbildung 38: Frühjahr 1907 - ein erstes Foto der ausgebauten Sommerfrische von der Gailbacher Straße aus. Foto: Familienarchiv.

Sommerfrische und Luftkurort „Dümpelsmühle“

Haltestelle der Motorlinie Aschaffenburg-Rohrbrunn

Modern eingerichtet.

Herrlich gelegen im stillen staubfreien Gailbachtale

Behagliche Wirtschaftsräume, Gesellschafts- und Wohnräume

Beliebter Ausflugsort von Touristen und Vereinen

Zugfreie Sommerhalle

Schöne Gartenanlagen nebst geräumigem Tanzpodium

Grosser Kinderspielplatz

Bade-Einrichtung

Solide Preise

Telephon Nr. 509.

PETER KERZ, Dümpelsmühle b. Aschaffenburg.

Dümpelsmühle, den Ostern 1915

Abbildung 39: Briefkopf der Sommerfrische Dümpelsmühle ab dem Jahr 1907. Familienarchiv.

Abbildung 40: Der Innenhof im Jahr 1907. Foto: Familienarchiv.

Abbildung 41: Nach Eröffnung der neuen Gaststätte - eine erste Fotografie des Saals im Jahr 1907. Foto: Familienarchiv.

Abbildung 42: Emailleschilder aus der „Sommerfrische Dümpelsmühle“ aus dem Jahr 1907. Foto: F. J. Kerz.

Abbildung 43: Ornamentkacheln des Ofens, der 1907 im Saal der Dümpelsmühle gesetzt wurde. Ein Pendant wurde zur gleichen Zeit nach Schloss Mespelbrunn geliefert. Foto: F. J. Kerz.

Abbildung 44: Regulator, den Johann Baptist und Katharina Kerz 1874 aus Bodenheim mitbrachten. Die Uhr hing viele Jahrzehnte im sog. „Stübchen". Foto: F. J. Kerz.

Abbildung 45: Familie Kerz 1914 - von links: Mutter Katharina mit Apollonia, Karl, Vater Peter, Konrad und Christine. Foto: Familienarchiv.

Abbildung 46: Die beiden ältesten Söhne von Peter Kerz, Karl und Konrad auf dem Hof der Dümpelsmühle. Foto: Familienarchiv.

1910 inserierte die Dümpelsmühle in der Zeitschrift *Spessart:*

„Haltestelle der Automobilpost Aschaffenburg-Rohrbrunn im schönen Gailbachtal am Fuße der Spessartausläufer (Hohe Warte usw.). Gute Bedienung, 16 Fremden-Betten. Besitzer Kerz.“[209]

Es schien fast, als würde die prognostizierte Blüte des Aufschwungs im Spessart, von der auch die Dümpelsmühle profitieren konnte, wahr werden. Zusätzlich zum Mühlenbetrieb, der Land- und Gastwirtschaft und dem Hotelbetrieb, arbeitete Kerz noch immer als Buchhalter in der Aschaffenburger Herdfabrik Koloseus. Wenn er am Nachmittag mit dem Fahrrad auf die Dümpelsmühle zurückkam und die viele Arbeit sah, die ihn erwartete, zog er sofort seinen Stadtanzug aus und ging ans Werk. Manchmal bot sich sogar das Bild, dass Kerz im Stadtanzug zur Mistgabel griff. Bei einer dieser Gelegenheiten, ereignete sich eine Begebenheit, die noch viele Jahre später erzählt wurde. Das Ehepaar Kerz hatte sich einst zur Verlobung Brillantringe gekauft. Peter Kerz trug diesen Ring in der Regel lediglich an Sonntagen und bei der Arbeit in der Stadt. An jenem Tag war er jedoch bei seiner Heimkehr auf die Dümpelsmühle sofort in den Stall gegangen, ohne den Ring abzulegen. Als er mit der Arbeit fertig war, stellte er entsetzt fest, dass er nur noch den Ring selbst am Finger trug – der Brillant aber fehlte. Schon bald herrschte helle Aufregung auf dem Hof und die gesamte Diener- und Knechtschaft wurde beordert, nach dem Brillanten – der wahrhaftigen Stecknadel im Heuhaufen – zu suchen. Bei einbrechender Dunkelheit zündete man Laternen an und leuchtete in sämtliche Ecken in Stall, Scheune und Hof, in der Hoffnung, der angeleuchtete Brillant würde im

209 Spessart, Ausgabe 1/1910, S. 18

Dunkeln funkelnd aufblitzen und damit sein Versteck verraten. Die Bemühungen blieben allerdings umsonst – der Brillant fand sich nicht mehr.[210]

Als 1911 der Fabrikant Hermann Koloseus starb, gab Peter Kerz seine Stellung als Buchhalter in der Herdfabrik auf. Obwohl das regelmäßige Einkommen die Dümpelsmühle stets mitgetragen hatte, ließ sich die enorme Doppel- und Dreifachbelastung nicht mehr bewerkstelligen.

Fortan ging Peter Kerz vollends in seiner Tätigkeit als Land- und Gastwirt auf und widmete sich verstärkt der Zucht seltener Geflügelrassen. Schon einige Jahre zuvor hatte er zusätzlich zu seinen Fasanen und Rebhühnern zwei Pfaue angeschafft, die bald zur Attraktion für Besucher geworden waren. In der Sommerhalle beeindruckten die Kanarienvögel in prächtigen Volieren die städtischen Sommerfrischler. Noch vor dem Ersten Weltkrieg erweiterte er das Anwesen um eine Kegelbahn, die schon bald besonders von Burschenschaften und Vereinen rege angenommen wurde. Ab den 1920er Jahren wurde die Dümpelsmühle so auch zum Vereinstreffpunkt des Schweinheimer Kegelklubs „*Bahnfrei*".

Katharina Kerz, geb. Schwind unterstützte ihren Mann in Haus und Hof und versorgte die Kinder. Nach der Tochter Christine im Jahr 1908, wurden 1909 Karl, 1911 Konrad, 1913 Apollonia, 1921 Erich und 1922 Maria geboren.

Das Leid, das der Erste Weltkrieg aber über die Bevölkerung brachte, sorgte für einen dramatischen Einbruch des Tourismus, von dem auch die Dümpelsmühle betroffen war. Wenn auch die Gartenwirtschaft in den Jahren nach dem Ersten

210 Bericht zur Familienüberlieferung von Dr. Robert Elfen an den Verfasser vom 07.11.2018.

Weltkrieg an Wochenenden und Feiertagen gut frequentiert blieb, so wurden mehrwöchige Sommergäste bald zur Ausnahme. Die immensen Investitionen, die in den Jahren 1906/1907 getätigt worden waren, amortisierten sich schließlich nie.

Während des Ersten Weltkrieges erfuhr der Mahlbetrieb auf der Dümpelsmühle nochmals Hochbetrieb. Wie die Zeitschrift *Spessart* schreibt, wurden damals *„noch tüchtig Brotgetreide aufgeschüttet und manch einem mit dem lebenswichtigen Brotmehl aus der Not geholfen."*[211]

Obwohl der Mahlbetrieb in späteren Jahren stark reduziert und hauptsächlich Hafer und Gerste zu Futterzwecken verschrotet wurde, modernisierte Kerz den Mahlgang in den späten 1920er Jahren und stattete ihn mit Motorkraft aus.

211 Spessart Monatsschrift vom 5. Juni 1953, S.9.

Abbildung 47: Sommergäste auf dem Hof der Dümpelsmühle im Jahr 1910. Im Hintergrund der Felsenkeller, zur rechten Seite die Scheunen- und Stallungsgebäude. Foto Familienarchiv.

Während Peter Kerz im Ersten Weltkrieg als *„nicht abkömmlich"* galt, da er als Müller in der Sicherung der Nahrungskette der Bevölkerung unentbehrlich war, wurde sein Bruder Karl erneut zum Militär eingezogen und am 26. August 1914 zur Artillerie beordert. Bereits im September 1914 nahm er an den Stellungskämpfen vor Nancy und Epinal, bis einschließlich 1916 an den Schlachten in den mittleren Vogesen und 1917 an den Gebirgskämpfen in Italien teil, wo er schließlich durch einen Granatsplitter verwundet wurde.[212] Obwohl die beiden Brüder Peter und Karl seit der Hofübergabe kein allzu inniges Verhältnis unterhalten hatten, versorgte Peter in den Jahren 1916/17 die inzwischen fünfköpfige Familie seines Bruders mit Brot und Kartoffeln, während Karl im Felde stand.[213]

Die Mutter der beiden Brüder, Katharina Kerz, litt mit zunehmendem Alter an Herzbeschwerden und verließ ihre Wohnung nur noch selten. Am späten Nachmittag des Heiligen Abends im Jahr 1916 machte sie sich gemeinsam mit ihrer Tochter Sofia Apollonia auf den Weg in die Kirche nach Schweinheim. Nur wenige hundert Meter von der Dümpelsmühle entfernt, stürzte sie auf dem stark vereisten Boden schwer und zog sich einen Oberschenkelhalsbruch zu. Man brachte sie auf die Dümpelsmühle und wollte einen Arzt herbeirufen. Doch die alte Frau wehrte ab, verlangte stattdessen das Aufstellen der Versehgarnitur und wünschte sich den Pfarrer herbei. Am späten Heiligen Abend spendete Pfarrer Schweinfest ihr die Sterbesakramente und am Tag darauf, am Weihnachtsmorgen, umgeben von ihrem Sohn Peter und den Enkelkindern, starb sie.[214] Der Sohn Karl, der im Felde stand, schrieb, nachdem er

212 Militärstammrolle für Karl Kerz, Bayerisches Staatsarchiv, lfd. Nr. 265
213 Familienarchiv.
214 Elfen, Robert Dr., Überlieferungen zur Urgroßmutter Katharina Kerz,

die Todesnachricht der Mutter erhalten hatte, nach Hause:

„Welch trostloses Christfest, das diesjährige gewesen ist. Hier im Feindesland, fern von allem, was einem lieb und teuer ist. Mehr noch, als in der Heimat zu sein, wäre es mein Wunsch gewesen, meiner guten, alten Mutter ihre Hand zu halten und ihr beim Heimgang zum himmlischen Vater beizustehen. Möge der Herrgott ihr, die alles für uns gegeben hat, ein gnädiger Richter sein.“[215]

Am 27. Dezember 1916 erschien die Todesanzeige im *Beobachter am Main:*

„Gott dem Allmächtigen hat es gefallen, am ersten heiligen Weihnachtstage, früh ½ 8 Uhr unsere herzensgute, treubesorgte, Mutter, Schwiegermutter, Großmutter, Schwägerin und Tante

Frau Katharina Kerz, geb. Reinhart
Mühlenbesitzers-Witwe
nach längerem, mit Geduld ertragenem Leiden, jedoch unerwartet schnell, im Alter von nahezu 73 Jahren in die ewige Heimat abzurufen.

Dümpelsmühle, Schweinheim, Aschaffenburg, Frankreich, Bodenheim, Mainz, den 27. Dezember 1916.

Die tieftrauernd Hinterbliebenen.

Die Beerdigung findet am Donnerstag, den 28. Dezember 1916 vormittags 9 Uhr mit darauffolgendem Seelengottesdienste zu Schweinheim statt.“[216]

---

zusammengestellt für den Verfasser im August 2018

215 Brief des Karl Kerz vom 27.01.1916 an seine Frau Eva.

216 Vgl. Beobachter am Main vom 27.12.1916

Über die in Verbindung mit dem Todesfall der Mutter entstandenen Kosten, führte Peter Kerz Buch. So beliefen sich die Gebühren für die Traueranzeige in der Zeitung bspw. auf 40 Mark, der zuletzt behandelnde Arzt, Dr. Brennstuhl, hatte noch 8 Mark zu bekommen, für den Schreiner waren Kosten in Höhe von 139,50 Mark entstanden, der Pfarrer erhielt für das Seelenamt 8 Mark, der Leichenwagen schlug mit 31 Mark zu Buche. Die Nachlassgebühren des Amtsgerichts Aschaffenburg betrugen 30,56 Mark.[217]

Der Wert des Nachlasses von Katharina Kerz belief sich auf 7000 Mark in Form von Barvermögen, Mobiliar und Silber, sowie auf die Forderung gegenüber Peter Kerz bezüglich der Übernahme der Dümpelsmühle in Höhe von 21000 Mark.[218]

---

217 Zinsen-Quittungs-Buch Mutter Kerz, Familienarchiv.
218 Nachlassakte Katharina Kerz, Familienarchiv.

Abbildung 48: Oktober 1916 - ein letztes Foto der Katharina Kerz im Kreise ihrer Kinder und Enkel, nur wenige Wochen vor ihrem Tod. Stehend Peter Kerz mit seiner Schwester Sofia Apollonia. Foto: Familienarchiv.

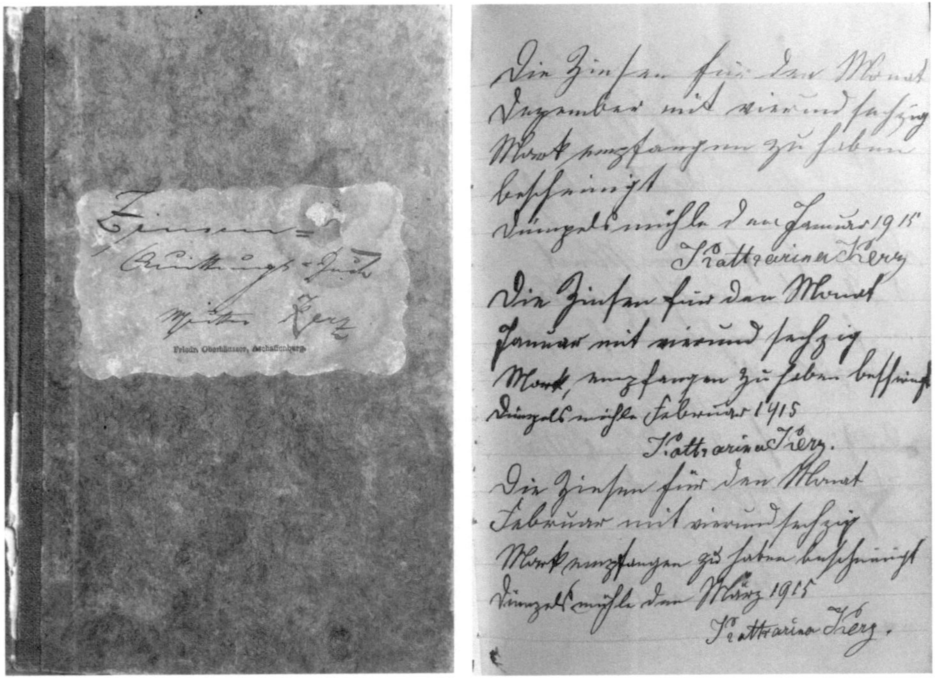

Abbildung 49: Im „Zinsen- und Quittungsbuch Mutter Kerz“ bestätigte Katharina Kerz den Erhalt der montalichen Zinsen. In dem Büchlein ist außerdem die Teilungsaueinandersetzung der Dümpelsmühle von 1905 festgehalten. Familienarchiv.

Abbildung 50: Familie Peter Kerz im Jahr 1923. Von links: Apollonia, Karl, Mutter Katharina mit Nesthäkchen Maria, Christine, Erich, Vater Peter und Konrad Kerz. Foto: Familienarchiv.

Im Nachlass der Katharina Kerz fand sich außerdem eine undatierte, gedruckte Notiz, deren Herkunft die Kinder sich nie erklären konnten und darin doch einen Bezug zur Dümpelsmühle sahen.

Sie lautete:

„Eine bemerkenswerte Mahnung

Im Amtsgericht eines unterfränkischen Städtchens ist im Raum, in welchem Eltern und Kinder als feindliche Parteien in Sachen Gutsübergabe streiten, folgende beherzigenswerte Mahnung angeschlagen:

Merk es Dir, ergrauter Vater,
sag es auch dem Mütterlein:
Soll der spätere Lebensabend
ohne Nahrungssorgen sein,
gib Du die erworb'nen Güter
nicht zu früh an Kinder ab,
sonst wirst Du zu ihrem Sklaven
und sie wünschen Dich ins Grab.
Wer besitzt, den wird man achten,
Kinderdank ist Seltenheit,
Brot zu betteln heißt Verschmachten,
Brot zu geben Seligkeit.“[219]

Auch wenn nicht eindeutig nachweisbar ist, dass hierbei eine Verbindung zur Dümpelsmühle besteht, so erscheint diese doch als sehr wahrscheinlich. Vermutlich nimmt diese undatierte Zeitungsnotiz nämlich Bezug auf den Rechtsstreit des

219 Zeitungsausschnitt, undatiert, aus dem Nachlass der Katharina Kerz, Familienarchiv. Es handelt sich dabei um einen wohl ursprünglich als Hausspruch verwendeten Text eines unbekannten Verfassers, der bereits im ausgehenden 18. Jahrhundert gebräuchlich war.

Franz Kreier mit dessen Stiefkindern aus dem Jahr 1863.

Seit der Übergabe des Hofes hatte Katharina Kerz in ihrem Austrag, dem alten Mühlhaus, die oberen beiden Zimmer gemeinsam mit ihrer Tochter Sofia Apollonia bewohnt. Auch der Tochter war ein Wohnrecht – ggf. lebenslänglich, in jedem Fall aber, so lange sie ledigen Standes war - zugesichert worden. Obwohl inzwischen 33 Jahre alt, war sie noch immer unverheiratet. Sie bestritt ihren Lebensunterhalt zunächst von den 2000 Mark, die ihr von ihrer Mutter hinterlassen worden waren. Da es jedoch absehbar wurde, dass das Vermögen des Fräulein Kerz bald aufgebraucht sein würde, musste überlegt werden, wie es weitergehen sollte. Peter Kerz sicherte seiner Schwester zu, dass sie auf der Mühle bleiben könne, aber ihren Lebensunterhalt selbst bestreiten müsse. Sofia Apollonia war jedoch gewohnt, stets nur Tochter des Hauses und „Fräulein Kerz“ gewesen zu sein, weshalb sie schließlich zu Verwandten nach Bodenheim ging, wo man die Bekanntschaft mit einem Witwer arrangierte. Diesen heiratete sie 1926, unterhielt aber weiterhin Kontakt nach Schweinheim und erhielt auch von ihren Neffen und Nichten Besuch in Bodenheim.[220]

Nach dem Tode der Mutter und dem Wegzug von Sofia Apollonia wurde das alte Mühlhaus nicht mehr zu Wohnzwecken genutzt. Es beherbergte künftig den Bretter- und Holzvorrat, landwirtschaftliche Gerätschaften, sowie ausrangierte Möbel. Da auch der Mahlbetrieb rückläufig war, wurden dem Gebäude, dem einstigen Herzstück und Mittelpunkt des Anwesens, keine große Bedeutung mehr beigemessen und auch keine größeren Instandhaltungsmaßnahmen daran durchgeführt.

Peter Kerz konzentrierte sich auf die Landwirtschaft und wid-

220 Familienüberlieferung.

mete sich insbesondere seinen Fähigkeiten als Rassegeflügelzüchter, in dem er seinen über die Grenzen Aschaffenburgs bekannten, außergewöhnlichen Tierbestand weiter ausbaute.

Die „Goldenen Zwanziger“ waren allerdings auf der Dümpelsmühle nicht angekommen. Der Tourismus erholte sich nur sehr mühsam und die mehrwöchigen Sommerfrischler blieben eine Ausnahme. Überwiegend waren es Handlungsreisende oder Auswärtige, die einige Tage auf Verwandtschaftsbesuch in Aschaffenburg weilten und auf der Dümpelsmühle nächtigten.

Bereits 1914 waren die Einnahmen eingebrochen und die Auszahlung der Erbteile an die Geschwister Kerz nach dem Tod der Mutter zehrte sämtliche Reserven auf. Zunächst hatten sich die Geschwister darauf verständigt, dass Peter Kerz lediglich die Zinszahlungen bis zum Sommer 1918 fortzuführen und zu bezahlen hatte. Dies stellte jedoch keine Dauerlösung dar, da er seinen Geschwistern ihre Erbteile nicht dauerhaft vorenthalten konnte.

Der Bruder Karl Kerz hatte im Jahr 1909 das landwirtschaftliche Anwesen in der Schweinheimer Althohlstraße 36 erworben, in dem er die Gaststätte *„Zum Ross“* eröffnete. Außerdem war er als Landwirt und Fuhrunternehmer tätig. Der Kredit zum Kauf seines Hofes war ihm nur gewährt worden, da er die Sicherheit in Form des ihm zustehenden Erbteils der Dümpelsmühle hatte vorweisen können.[221]

Im August 1918 zahlte Peter Kerz schließlich an die Familie Rothhan[222], seinen Bruder Karl und seine Schwester Sofia Apollonia jeweils 6337,50 Mark aus, dessen Erhalt diese quit-

221 Sicherheitshinterlegung des Erbteiles von Karl Kerz, vom Februar 1909, Familienarchiv.

222 Die Schwester, Maria Rothhan, war bereits 1909 verstorben.

tierten.[223]

Da die Dümpelsmühle noch immer mit hohen Hypothekenschulden belastet war, lieh sich Peter Kerz 1925 von dem Aschaffenburger Geschäftsmann Mathias Löwenthal erneut 5000 Mark.[224]

Damit bediente er die monatlichen Hypothekenraten an die Kreissparkasse, bis auch diese Geldsumme aufgebraucht war. Die Hoffnung war es gewesen, in der Zwischenzeit genügend Rücklagen zu bilden, um anschließend die Raten für Bankkredit und privates Darlehen, ohne erneut in finanzielle Bedrängnis zu geraten, aufbringen zu können. Die Situation offenbarte sich jedoch zwei Jahre darauf schlimmer als je zuvor und die Familie musste jeden Monat aufs Neue bangen, die Raten auftreiben zu können.

1924 war Peter Kerz die Ehrenurkunde des Pferdezuchtverbands Unterfranken verliehen worden. 1926 gelang es ihm, einen Hengst und eine Stute äußerst gewinnbringend verkaufen zu können, was die wirtschaftliche Situation etwas entspannte.

1927 löste das elektrische Licht die Petroleumlampen auf der Dümpelsmühle ab, als diese an das elektrische Ortsnetz Schweinheims angeschlossen wurde. Die Kostenbeteiligung für Peter Kerz belief sich dabei auf 2730 Mark.[225]

Nach der Machtergreifung erließ die NS-Regierung am 29. September 1933 das sog. *Reichserbhofgesetz*. Das Bestreben der Reichsregierung war dabei, *„unter Sicherung alter deutscher Erbsitte das Bauerntum als Blutquelle des deutschen*

223 Zinsen-Quittungs-Buch Mutter Kerz, Familienarchiv.
224 Schuldschein, Familienarchiv.
225 Quittung für Herrn Peter Kerz über die Kostenbeteiligung zum Anschluss an das elektrische Ortsnetz. Familienarchiv.

Volkes zu erhalten.“[226] Das Gesetz sah vor, dass Höfe mit einer Größe von mindestens 7,5 ha zu sog. Erbhöfen erklärt werden konnten. Um einen Erbhof vor Zersplitterung zu schützen, war dieser unveräußerlich und unbelastbar. Strenggenommen waren die Erbhofbauern damit nicht mehr Eigentümer, sondern lediglich Verwalter ihres Hofes geworden. Nach dem Tod des Erbhofbauern regelte die sog. Anerbenordnung, die Weitergabe des Hofes. Paragraph 20 sah dabei die Söhne des Erblassers an erster Stelle vor, wobei nicht eindeutig geregelt war, ob Ältesten- oder Jüngstenrecht gelten sollte. In Paragraph 21 wurde lediglich festgelegt, dass die Übergabe *„[...]nach dem in der Gegend geltenden Brauch Ältesten- oder Jüngstenrecht“* geschehen sollte. Ferner, dass bei Nichtbestehen eines solchen Brauches, das Jüngstenrecht zur Anwendung kam.[227]

Am 4. April 1935 wurde die Dümpelsmühle durch das Amtsgericht Aschaffenburg unter Mitwirkung der Anerbensrichter zum Erbhof erklärt. Der Grundbesitz umfasste eine nutzbare Fläche von 8,052 ha. Zu den Viehbeständen des Peter Kerz gehörten 2 Pferde, 5 Kühe, 2 Rinder, 1 Kalb, 3 Schweine und 40 Hühner. Die durchschnittlichen Ernteerträge betrugen 120 Zentner Frucht, von denen 40 Zentner zum Verkauf vorgesehen waren und 200 Zentner Kartoffeln. Die jährlichen Erlöse für Milch, Eier und Butter betrugen etwa 900 RM. Auch der Mühlenbetrieb im Nebenerwerb, erwirtschafte noch immer ein Kontingent von 2000 Zentnern.[228] Der jährliche Verdienst durch Lohnfuhrwerk betrug etwa 800 bis 1000 RM, von wel-

226 Vgl. Reichsgesetzblatt Bd. I, Nr. 108 vom 30.09.1933

227 Reichsgesetzblatt Bd. I, Nr. 108 vom 30.09.1933, §§ 20, 21

228 Obwohl seit den 1920er Jahren überwiegend Hafer und Gerste zu Futterzwecken verschrotet wurden, bescheinigte die Handwerkskammer für Unterfranken Peter Kerz mit Schreiben vom 12.07.1937, dass er als Müller in der Handwerksrolle eingetragen bleibe, Familienarchiv.

chem Kerz Abzahlungen der Hypothekenschulden in Höhe von 40000 RM und privater Verbindlichkeiten in Höhe von 2000 RM leiste.[229]

1935 erhielt Peter Kerz die große Silberne Medaille des bayerischen Landesverbandes als Anerkennung für seine hervorragenden Leistungen auf dem Gebiete der vaterländischen Geflügelzucht, nachdem er mit der Aufzucht von 10.000 Küken einen *„bemerkenswerten Beitrag zur Nahrungssicherung der Bevölkerung geleistet“* hatte.[230]

Im gleichen Jahr bemerkte der *Beobachter am Main*, *„[...]daß die Dümpelsmühle von den nahegelegen Ausflugsorten einer der schönsten“* und *„im Inneren wie im Äußeren ein wahres Schmuckkästchen ist.“*[231]

Der Journalist, der die Dümpelsmühle im Frühling 1935 besuchte, zeigte sich tief beeindruckt, nannte das Anwesen *„wahrhaftig ein Paradies“*[232] und meinte damit nicht zuletzt auch den kleinen Zoo des Peter Kerz, der in den *„sauberen und luftigen Ställen“* und den *„schön gebauten Zwingern und Käfigen“*[233] zu bewundern war.

Außer Rindern und Pferden gehörten zum Tierbestand Pfaue, Emdener Riesengänse, Enten, Glucken, Geißen, Ziegen und Hofhunde. Kerz züchtete die begehrtesten Hühnerrassen, dar-

---

229 Beschluss über die Erklärung des Anwesens Dümpelsmühle zum Erbhof durch das Amtsgericht Aschaffenburg vom 04.04.1935, Gesch.Reg.Nr. Eh.R.I. 200/34, Familienarchiv.

230 Begleitschreiben zur Verleihung der Großen Silbernen Medaille des bayerischen Landesverbandes vom 04.09.1935, Familienarchiv.

231 Vgl. Beobachter am Main, „Zu Besuch auf der Dümpelsmühle“, 12. Mai 1935, S. 6

232 Ebd.

233 Ebd.

unter Rote Island, Schwarze Bantam und Welsumer, aber auch verschiedenartige Tauben: Starenhälse, Kapuziner, Brieftauben, Strasser, Pfautauben und Kröpfer. Zu den vorhandenen Fasanen zählten Goldfasane und Diamantfasane. Ferner befanden sich im kleinen Zoo auch exotische Vögel, Papageien und Wellensittiche, die im Garten hinter dem Haus in prächtigen Volieren untergebracht waren. Besondere Aufmerksamkeit der Besucher fanden außerdem zutrauliche Eichhörnchen und der bereits erwähnte zahme Storch.

Der *Beobachter am Main* bemerkte außerdem:

„Der jetzige Besitzer, Herr Peter Kerz, schaltet und waltet auf seinem Besitz mit ebenso großem Verständnis wie Liebe zur Sache. Wie sehr er mit seinem Grund und Boden verwachsen ist, geht allein daraus hervor, daß er nach 19jähriger anderweitiger beruflicher Tätigkeit den Betrieb seines Hofes wieder selbst übernommen hat und ihn heute, unterstützt von seinem Sohn, dem jungen Erbhofbauer, vorbildlich leitet.“[234]

Zum Zeitpunkt des Erscheinens des Zeitungsartikels war die Dümpelsmühle erst vier Wochen zuvor zum Erbhof geworden. Bei dem erwähnten jungen Erbhofbauern handelte es sich um den ältesten Sohn, Karl Kerz, damals 26 Jahre alt.

Eine konkrete Vereinbarung über die Erbfolge wurde erst nach Ausbruch des Zweiten Weltkrieges, im Dezember 1939, vor der Reichsnährstand-Behörde getroffen, bei der Peter Kerz eine Absichtserklärung zu Protokoll gab, in der er sich bereit erklär-

234 Vgl. Beobachter am Main, „Zu Besuch auf der Dümpelsmühle“, 12. Mai 1935, S. 6

te, *„[…] seinen Hof an seinen Sohn Karl zu übergeben, jedoch mit der Auflage, daß der Betrieb der Gastwirtschaft ihm und seiner Ehefrau solange überlassen bleibt, als er in der Lage ist, diese zu führen.“*[235]

Zu diesem Zeitpunkt stand der Sohn Karl bereits im Felde und auch der zweitälteste Sohn Konrad musste einrücken. Insbesondere die älteste Tochter Christine[236] appellierte an den Vater, den Hof nicht in Kriegszeiten zu übergeben. Viel zu Ungewiss sei die Zukunft, als dass eine solche Entscheidung getroffen werden könne.

Am 1. April 1939 wurde Schweinheim nach Aschaffenburg eingemeindet. In Folge dessen kamen insgesamt fünf Erbhöfe, darunter auch die Dümpelsmühle, zu Aschaffenburg.[237]

Das Leid, das der Zweite Weltkrieg über die Familien brachte, machte keinen Halt vor Stand, persönlichen Umständen oder Verhältnissen – und dennoch ließ sich nicht ahnen, in welch vernichtendem Ausmaß die Dümpelsmühle und ihre Bewohner in den nächsten Jahren betroffen sein würden.

Im August 1941 traf ein Brief auf der Dümpelsmühle ein, den Peter Kerz in Empfang nahm. Seine Frau konnte vom Fenster aus gerade noch sehen, wie ihr Mann auf die Knie sank, da liefen Familie, Dienstmädchen und Knechte bereits aus allen Richtungen zusammen. Peter Kerz, ein stets ruhiger, beson-

---

235 Vor der Reichsnährstand-Behörde geschlossene Vereinbarung des Peter Kerz vom 06.12.1939, Familienarchiv.

236 Die Tochter Christine Kerz war seit 1933 mit dem in Paris geborenen Kaufmann René Maurice Elfen verheiratet. Im gleichen Jahr wurde der gemeinsame Sohn Robert geboren. Nach Aufenthalten in Niederlahnstein und Würzburg, kehrte sie in den späten 1930er Jahren mit ihrem Sohn in ihr Elternhaus zurück, nachdem ihr Mann im Kriegseinsatz war.

237 Aschaffenburger Zeitung, Ausgabe vom 31.03.1939, „Fünf Erbhöfe kommen zu uns“, S. 22

nener Mensch, weinte bitterlich.[238]
Der Brief hatte folgenden Inhalt:

Rußland, den 21.07.1941

Sehr verehrter Herr Kerz,

am 15.7. fiel Ihr Sohn Konrad bei Saprudje getreu seinem Fahneneid für das Vaterland. Ich spreche Ihnen zu diesem schweren Verlust, zugleich im Namen seiner Kameraden, meine wärmste Anteilnahme aus. Die Kompanie war im Walde von Saprudje vom Feinde umgangen worden und beim Durchbruch fiel Ihr Sohn tapfer kämpfend durch Bauchschuss. Da Ihr Sohn ein paar Monate zuvor mein Bursche war, stand er mir besonders nahe und ich habe ihn als stillen, ehrlichen und pflichttreuen Menschen kennen und schätzen gelernt. Sein Grab liegt im Wald 1 Kilometer süd-westwärts von Saprudje, wo ihn das nachstürmende I. R. beerdigt hat. Seine Sachen konnten ihm während des Gefechtes leider nicht abgenommen werden. Möge es Ihnen ein Trost sein, in dem schweren Leid, das Sie betroffen hat, zu wissen, daß Ihr Sohn sein Leben für die Größe und den Bestand von Volk, Führer und Vaterland geopfert hat. Die Kompanie wird ihm stets ein ehrendes Andenken bewahren.
Es grüßt Sie mit wärmstem Mitgefühl
Ihr Ernst von Lehenhausen, Hauptmann“[239]

---

238 Erinnerungsbericht von Dr. Robert Elfen an den Verfasser vom 07.11.2018.

239 Brief des Hauptmanns von Lehnhausen vom 21.07.1941, Familienarchiv.

„Bald war der gesamte Hof von solch herzzerreißendem Weinen, Flehen und Wehklagen erfüllt, dass es einem durch Mark und Bein ging. Waren die Auswirkungen des Krieges auf der Dümpelsmühle bislang nur ferne Halbwirklichkeit gewesen, so wurde das Leid jetzt im engsten Familienkreis greifbar", erinnerte sich Dr. Robert Elfen, der älteste Enkel des Peter Kerz.[240]

Nun hoffte man täglich auf Post von der Front – sowohl die beiden anderen Söhne Karl und Erich, als auch die beiden Schwiegersöhne René Elfen und Karl Hofmann[241] standen im Felde. Die Nachrichten kamen aber nur noch in immer größer werdenden Abständen.

In Sachen Hofübergabe wurde Peter Kerz von einem benachbarten Erbhofbauern verunsichert, der meinte, er dürfe den Hof nicht an seinen Ältesten, sondern nur an seinen Jüngsten übergeben. In seiner Verzweiflung schrieb Peter Kerz an die Reichsnährstand-Behörde und die Kreisbauernschaft:

„Von Ihrer Seite aus wurde ich unterm 6. Dezember 1939 veranlasst, die Erklärung abzugeben, welcher von meinen Söhnen den Hof bekommen soll. Ich bestimmte Ihnen damals hierfür meinen ältesten Sohn Karl Kerz, habe jedoch hierbei in eiliger Unkenntnis gehandelt, indem mir damals nicht bekannt war, daß nach dem Anerbengesetz der Hof meinem jüngsten Sohn Erich Kerz zusteht und wäre es Ihre Pflicht gewesen mich hierauf aufmerksam zu machen. Nachdem nun in der Zwischenzeit der Krieg über uns hereingebrochen ist, ich

240 Erinnerungsbericht von Dr. Robert Elfen an den Verfasser vom 07.11.2018.

241 Karl Hofmann war der Ehegatte der zweitältesten Tochter Apollonia Kerz (1913-1998).

einen Sohn bereits im Osten verloren habe und der Jüngste als Kanonier bereits ebenfalls im Osten steht, bringe ich es nicht über mein Herz denselben, nachdem ich heute weiß, daß er gesetzlicher Erbe wäre, zu umgehen und ziehe ich deshalb meine damals abgegebene Erklärung voll und ganz zurück.“[242]

In diesem Schreiben bezog sich Peter Kerz auf §21 Abs. 3 des Reichserbhofgesetzes, das beinhaltete, dass – sofern kein anderer geltender Brauch existierte – das Jüngstenrecht zur Hofübergabe galt.[243]

Seitens der Agrarbehörde wurde Kerz aber informiert, dass in der Gemarkung der Dümpelsmühle das Ältestenrecht durchaus üblich war und die Empfehlung ausgesprochen, bis zur endgültigen Hofübergabe beständigere Zeiten abzuwarten.[244] Der älteste Sohn Karl Kerz blieb daher der eingesetzte Erbhofbauer.

Im Oktober 1944 erhielt Peter Kerz einen weiteren Brief der Wehrmacht, der das Wahrheit werden ließ, was man die ganze Zeit schon befürchtet hatte:

„O.U., den 21. September 1944

Sehr geehrter Herr Kerz,

ich habe die traurige Pflicht zu erfüllen, Ihnen mitteilen zu müssen, dass Ihr Sohn, Unterwm. d. Sch. d. Res. Karl Kerz, seit 17. Juli 1944 vermisst ist.

---

242 Durchschrift des Einschreibens von Peter Kerz an die Reichsnährstand-Behörde und die Kreisbauernschaft vom 22.11.1941, Familienarchiv.

243 Vgl. Reichsgesetzblatt Bd. I, Nr. 108, §21 Abs. 3, vom 30.09.1933

244 Antwortschreiben der Reichsnährstand-Behörde an Peter Kerz vom 13.01.1942, Familienarchiv.

Die Kompanie war im Raume von Grodno an Brennpunkten eingesetzt, wo sie härteste Kämpfe gegen einen vielfach überlegenen Gegner zu bestehen hatte. Dem Gegner wurden schwerste Verluste beigebracht, wobei aber nicht verhindert werden konnte, dass auch die Kompanie Verluste hatte. Infolge des äußerst heftigen gegnerischen Feuers musste die Kompanie vorübergehend ihren Abschnitt aufgeben, wobei einige Angehörige der Kompanie gefallen sind und auch einige in russische Gefangenschaft gerieten. Über den Verbleib Ihres Sohnes kann ich Ihnen deshalb leider keine bestimmten Angaben machen, es besteht aber die Möglichkeit, dass er sich in russischer Gefangenschaft befindet. Gerade Ihr Sohn war mir sehr nahe gekommen, ich hatte viel Gelegenheit ihn schätzen und achten zu lernen. Für seine außerordentliche Tapferkeit im Bandenkampf bekam er mit den ersten Männern der Kompanie das KVK II. Kl. Bei allen Kameraden der Kompanie war Ihr Sohn als mutiger Draufgänger bekannt, in hervorragender Treue und Pflichterfüllung stach er in allen Einsätzen bei den Besten heraus.

Ich vermisse in Ihrem Sohn nicht nur den tapferen Kämpfer, ich vermisse gleichzeitig einen guten Kameraden. In unserer Geschichte werden wir ihm einen Ehrenplatz bewahren. Ihr Sohn brachte das Opfer im Glauben an den Sieg für Führer und Vaterland.

Auch ich stehe Ihnen gerne mit Rat und Tat zur Seite und bitte Sie, sich in Zweifelsfällen vertrauensvoll an mich wenden zu wollen. Wenn ich Ihnen meine und der Kompanie herzlichste Anteilnahme ausspreche, bin ich Ihr

Herfel, SS-Untersturmführer, Leutnant u. Komp.Führer“[245]

---

245 Schreiben des Leutnants Herfel vom 21.09.1944, Familienarchiv. Ein

Im Februar 1944 erhielt außerdem die Tochter Christine die niederschmetternde Nachricht, dass auch ihr Mann, der Sanitäts-Unteroffizier René Elfen, seit 26.12.1943 bei Shitomir/ Russland vermisst wurde. [246]

gleichlautender Brief ging auch der Witwe des Karl Kerz, Angela, geb. Kempf (1918-2001) zu. Aus der Ehe waren zwei Kinder hervorgegangen.

246 René Maurice Elfen wurde mit Beschluss des Amtsgerichts Aschaffenburg vom 17. August 1953 für tot erklärt. Als Todesdatum wurde der 31.12.1945 festgestellt. Ein im Jahr 1985 erteilter Suchauftrag beim Roten Kreuz kam zu dem Schluss, dass Elfen in sowjetische Gefangenschaft geraten und „mit hoher Wahrscheinlichkeit in einem Kriegsgefangenenlager im Winter 1944/45 verstorben ist.“

Abbildung 51: 1935 erhielt Peter Kerz die große Silberne Medaille für die Aufzucht von 10.000 Küken. Foto: F. J. Kerz.

Abbildung 52: Vor dem alten Mühlhaus - Robert Elfen mit seinem Großvater, dem Dümpelsmüller Peter Kerz, im Jahr 1943. Foto: Familienarchiv.

Abbildung 53: Mit Hingabe widmete sich der Erbhofbauer Peter Kerz seinen Tieren. Foto: Familienarchiv.

Abbildung 54: Peter Kerz beim Füttern seiner Hühner in den frühen 1940er Jahren. Foto: Familienarchiv.

Abbildung 55: Der junge Erbhofbauer Karl Kerz, ältester Sohn von Peter und Katharina Kerz, vermisst seit Juli 1944. Er hinterließ Frau und zwei kleine Kinder. Foto: Familienarchiv.

Abbildung 56: Konrad Kerz, der Zweitälteste, gefallen im Juli 1941. Foto: Familienarchiv.

Abbildung 57: Erich Kerz, der jüngste Sohn von Peter und Katharina Kerz. Vermisst seit Dezember 1944. Foto: Familienarchiv.

Abbildung 58: Der stolze Pfau „Leo“. Auch er wurde Opfer des Krieges. Foto: Familienarchiv.

Am 21. November 1944 erfolgte der schadensreichste Luftangriff auf Aschaffenburg, bei dem auch Schweinheim unter andauerndem Beschuss lag. Hierbei blieb auch die Dümpelsmühle nicht verschont und besonders das alte Mühlhaus wurde stark in Mitleidenschaft gezogen. Der Familie blieb kaum Zeit zum Atemholen, geschweige denn für ihre Trauer über den Verlust der Söhne. Immer wieder zwang sie der Fliegeralarm dazu, in einem Bunker in der Nähe[247] Schutz zu suchen, in welchem auch die umliegende Nachbarschaft zusammenkam. Als wäre das Leid nicht groß genug, ging Anfang Dezember 1944 die Mitteilung ein, dass auch der ebenfalls im Felde stehende jüngste Sohn Erich vermisst sei. Das Ehepaar Kerz wollte und konnte nicht wahrhaben, noch den letzten Sohn verlieren zu müssen und hoffte weiterhin, von ihm und auch von Sohn Karl doch noch ein Lebenszeichen zu erhalten.[248]

Bereits im Herbst 1944 konnte der Gastronomiebetrieb endgültig nicht mehr aufrecht erhalten werden. Im Frühjahr 1945 war Aschaffenburg mit dem Ziel zur Festung erklärt worden, die Stadt um jeden Preis zu halten. Kampfkommandant wurde der Major Emil Lamberth. Am Palmsonntag, dem 25. März 1945, griff die US-Armee an und stieß, mit Panzern über die Nilkheimer Brücke kommend, Richtung Bischberg, Sternberg und Erbig vor.

In der Nacht von Palmsonntag auf Montag wurde die Familie

---

247 Der Bunker lag in der auf die Gailbacher Straße stoßende Dümpelsmühlstraße.

248 Für Karl Kerz wurde später als Todeszeitpunkt das Vermisstendatum, der 17.07.1944 angenommen. Das Schicksal des Erich Kerz konnte nie aufgeklärt werden. Am 28.10.1954 wurde er schließlich durch das Amtsgericht Aschaffenburg für tot erklärt und als Todesdatum der 31.12.1945 festgelegt.

Kerz aus dem Schlaf gerissen. Auf dem Hof stand eine kleine Abteilung deutscher Landser mit Maschinengewehren und Panzerfäusten, welche die Dümpelsmühle in Beschlag genommen hatten und nun ihr Quartier in den Räumen der Gastwirtschaft nahmen. In Angst und Schrecken versetzt, ließ die Familie die Soldaten gewähren und widersetzte sich nicht.[249] Am Montagmorgen wurden in Richtung Schweinheim ein MG-Stand eingerichtet, ein Minenwerfer-Auto in Position gebracht und auch einige Schüsse aus Panzerfäusten in Richtung der Würzburger Straße abgegeben. Die Familie und auch sämtliche Anwohner sollten sich auf Anweisung nun in den Erdbunker am Hang in der heutigen Dümpelsmühlstraße begeben, da die näheren Kampfhandlungen unmittelbar bevorstanden. Peter Kerz aber weigerte sich, seine Familie in den Bunker zu begleiten. Im Falle eines Brandes wollte er in der Lage sein, das Vieh aus den Ställen retten zu können.[250] Als sich die Panzer schließlich der Dümpelsmühle näherten, gelang es den Minenwerfern, das Vorrücken der Amerikaner einige Zeit lang aufzuhalten. Nachdem die Munition jedoch dem Ende zuging, wurde die Stellung schließlich überrannt. Die meisten der deutschen Soldaten wurden gefangengenommen, einer handvoll Landsern war vor Eintreffen der Amerikaner die Flucht gelungen.[251]

Wie sich später nachvollziehen ließ, hatte sich Peter Kerz zunächst im Saal der Gaststätte aufgehalten und wohl am Kachelofen gesessen, da man dort auf einem Tisch seinen halb

249 Erinnerungsbericht von Dr. Robert Elfen an den Verfasser vom 07.11.2018

250 Ebd.

251 Ebd.

geleerten Krug Apfelwein vorfand.[252] Die genauen Vorkommnisse der nächsten Stunden lassen sich nur erahnen und stückweise rekonstruieren: Vermutlich wurde Kerz von den deutschen Soldaten, die bereits damit beschäftigt waren, ihre Flucht vorzubereiten, nach draußen beordert. Dort führten sie ihn wohl in die Stallungen, wo sie die Herausgabe seiner Pferde verlangten. Als Kerz sich weigerte, eröffneten sie das Feuer auf ihn.

Nachdem die Familie den Bunker schließlich verlassen konnte, suchten sie nach dem Vater und Großvater: Peter Kerz war tot. Sie fanden ihn im Mühlbach hinter dem Haus. Als man seine Leiche wusch und umkleidete, stellte man fest, dass dort, wo in der Strickjacke, die er getragen hatte, der Rückeneinsatz gewesen war, nur noch ein einziges großes Loch klaffte. Peter Kerz war durch mehrere MG-Schüsse in den Rücken getötet worden.[253]

Der Zweite Weltkrieg hatte das Leben des Vaters, aller drei Söhne und das des Schwiegersohnes René Elfen gefordert. Der Schwiegersohn Karl Hofmann kehrte zwar aus der Kriegsgefangenschaft zurück, starb jedoch bereits 1948.

Der Krieg, der nach sechs schrecklichen Jahren dem Ende entgegen ging, hatte Katharina Kerz ihrer Söhne und ihres Mannes beraubt. Mit ihren Töchtern Christine, Apollonia und Maria stand sie vollkommen allein. In ihrer Verzweiflung ließ sie nach dem Bruder ihres Mannes, Karl Kerz schicken. Als dieser hörte, dass sein Bruder ums Leben gekommen war, kam er sofort.

252 Ebd.

253 Erinnerungsberichte von Dr. Robert Elfen, Rita Großmann und Maria Hettinger

Karl Kerz war selbst 70 Jahre alt, von lebenslanger Arbeit ausgezehrt und ging bereits am Stock. Augenzeugen berichteten, wie nahe es den Anwesenden ging, dem alten Mann dabei zuzusehen, mit welcher Hingabe er aus alten Dielen einen notdürftigen Sarg für seinen Bruder zimmerte. Anschließend hub er das Grab in der Nähe des Springbrunnens hinter dem Haus aus. Nachdem die Dümpelsmühle über Jahrzehnte zwischen ihnen gestanden hatte, erwies der alte Karl Kerz seinem Bruder einen letzten Dienst. Selbst die Witwe und Kinder des Verstorbenen ließen seinen Bruder in diesem Moment allein und wagten nicht, ihn dabei anzusprechen, *„[...]wie er sich abmühte, unserem Vater die letzte Ehre zu erweisen. Es war, als wären sämtliche Unstimmigkeiten der Vergangenheit wie weggewischt. Vom Schicksal so schwer betroffen, riss es uns das Herz ein weiteres Mal entzwei, dieser Stunde beizuwohnen.“*[254]

Es sollte noch bis April 1945 dauern, bis die ersten Beerdigungen durch Pfarrer Umenhof auf dem Schweinheimer Friedhof wieder abgehalten wurden und Peter Kerz im Familiengrab beigesetzt werden konnte. Karl Kerz fuhr den Trauerwagen, die Töchter hatten großen Mengen an Weißdorn gepflückt, mit dem der einfache Brettersarg über und über geschmückt und vollends bedeckt war.

Mit dem Tod des Peter Kerz war eine Ära zu Ende gegangen. Mit seiner stillen, bescheidenen Art hatte dieser fleißige Mann die Dümpelsmühle über 40 Jahre hinweg nachhaltig geprägt, ihr seine ganze Schaffenskraft und sein Herzblut gewidmet – und nun standen seine Angehörigen vor einem Scherbenhau-

254 Erinnerungsbericht von Maria Spinnler, geb. Kerz, der jüngsten Tochter des Peter Kerz, an den Verfasser vom 11.03.2018

fen. Schon bei den ersten Bombenangriffen waren Volieren und Käfige geöffnet und die Wildtiere und Vögel in die Freiheit entlassen worden. Der stolze Pfau, den Peter Kerz auf den Namen „Leo“ getauft hatte, lag erschossen im Hof. Die Lebensmittelvorräte waren teilweise geplündert und auch das Familiensilber, das man in den letzten Kriegstagen eilig unter einem Kohlenhaufen im Felsenkeller versteckt hatte, war entdeckt und gestohlen worden. Ein Hof, auf dem seit Jahrhunderten immer rege Betriebsamkeit geherrscht hatte, stand still.

Peter Kerz, der ohne Hinterlassen einer letztwilligen Verfügung gestorben war, hatte den Hof nicht zu Lebzeiten übergeben und der junge Erbhofbauer kehrte nicht aus dem Krieg heim. Das Reichserbhofgesetz, das die Erbfolge geregelt hätte, wurde schließlich 1947 durch die Besatzungsmächte aufgehoben.[255] So griff die gesetzliche Erbfolge und es entstand die *„Erbengemeinschaft nach Peter Kerz“*, der die Witwe Katharina Kerz, deren drei Töchter, sowie die Schwiegertochter Angela Kerz, geb. Kempf, Witwe des vermissten Sohnes Karl, mit ihren beiden kleinen Kindern angehörten. Diese Erbengemeinschaft sollte bis zu ihrer endgültigen Auflösung im Jahr 1996 über 50 Jahre lang bestehen bleiben. Die geänderten Eigentumsverhältnisse brachten neue Schwierigkeiten mit sich, denn sämtliche Entscheidungen über die Zukunft der Dümpelsmühle mussten nun die Zustimmung aller Beteiligten finden. Der Stillstand auf dem Anwesen hatte ihm den Lebensnerv abgeschnitten und die Familie war damit ihrer Lebensgrundlage beraubt worden. Die Einquartierung zahlreicher Geflüchteter aus Ost- und Westpreußen, Pommern, Schlesien und dem Sudetenland ließen die Wohnverhältnisse beengt

255 Kontrallratgesetz Nr. 45 vom 25.02.1947 in Amtsblatt des Kontrollrats in Deutschland S. 256

werden. Trotz der äußerst schwierigen Umstände drängte die Zeit, eine Entscheidung zu treffen, wie es mit der Dümpelsmühle weitergehen sollte.

Der Tod von Karl Hofmann im Jahr 1948 war schließlich ausschlaggebend, dass Christine Elfen an ihre Schwester Apollonia Hofmann die Überlegung herantrug, die Gastwirtschaft wieder zu eröffnen. Da es ihr so leichter fiel, ihren fünfjährgen Sohn versorgen und beaufsichtigen zu können, als bei einer Arbeitsstelle außerhalb, willigte die junge Witwe Apollonia Hofmann ein.

So begannen die drei Schwestern Christine, Apollonia und Maria unter großen Mühen, den verwilderten Wirtschaftsgarten wieder auf Vordermann zu bringen. Die Grundlage zur Wiedereröffnung der Gartenwirtschaft in den ersten Nachkriegsjahren bildeten 40 Hektoliter Apfelwein, die noch der Vater Peter Kerz gekeltert hatte.[256] Obwohl man bei der Wiedereröffnung im Jahr 1949 dazu lediglich Käsebrote – ohne Butter – servieren konnte und sich die Gäste an den teilweise durch Kriegseinwirkung beschädigten Holzstühlen Hosen und Strumpfhosen aufrissen[257], war dies ein erster Schritt zurück in die Normalität. Erstmals konnten Besucher nach jahrelangen Entbehrungen wieder einmal einige Stunden von Unbeschwertheit erleben und ihre Alltagssorgen für einen Moment hinter sich lassen. So ließ der Sommer 1949 bereits einen Betrieb der Gartenwirtschaft zu. Die seit fünf Jahren geschlossene Gaststätte hatte durch Kriegseinwirkung und zu-

256 Erinnerungsbericht von Dr. Robert Elfen an den Verfasser vom 04.07.2019.

257 Von den ursprünglich 74 Kaffeehausstühlen waren 2/3 beschädigt, wurden schließlich aussortiert und die Gaststätte in den frühen 1950er Jahren neu bestuhlt.

letzt durch die Quartiernahme der deutschen Landser erheblich gelitten und musste erst wieder instand gesetzt werden. Nach und nach richtete man die Räumlichkeiten her. Im Zuge dessen wurde im Gastraum eine Wandvertäfelung angebracht und die Gaststätte neu bestuhlt. Als man außerdem den Haupteingang der Gaststätte an die Nordseite versetzte, wurde den Besuchern schon bei Passieren der Einfahrt der Blick auf die markante, einladende Eingangstür aus Eichenholz freigegeben.

Während die Geschwister Kerz sich unter großen Anstrengungen bemühten, die Gastronomie wieder zu eröffnen, engagierte sich die Schwiegertochter Angela Kerz dahingehend, eine Lösung für die brachliegende Landwirtschaft zu finden. Sie hatte das alte Mühlhaus wieder notdürftig hergerichtet und dort mit ihren beiden kleinen Kindern eine Wohnung bezogen. Die junge Witwe arbeitete selbst in der Landwirtschaft mit, welche die Familie zunächst mit der Unterstützung von Knechten fortführte. Die Knechte verblieben jedoch häufig nur kurz im Arbeitsverhältnis und nicht selten kam es vor, dass ein Arbeiter bei Nacht und Nebel verschwand.[258] Schließlich einigte man sich jedoch darauf, dass es das Vernünftigste sei, die Landwirtschaft zu verpachten, da die Familie selbst – ohne jegliche männliche Arbeitskraft – außerstande war, sie dauerhaft selbst zu betreiben. Unter den Heimatvertriebenen, die auf der Dümpelsmühle einquartiert waren, befanden sich mehrere Männer, die in ihrer alten Heimat selbst Bauerei besessen oder auf einer gearbeitet hatten. So trat man zunächst in Verhandlungen mit dem aus Dauba/ Sudetenland stammenden Landwirt Ernst Brückner, der seinen Dienst als landwirtschaft-

258 Erinnerungsbericht von Dr. Robert Elfen an den Verfasser vom 15.10.2017.

licher Verwalter im Frühjahr 1948 aufnahm. Nachdem die ersten Felder bestellt waren, wurde nach Beginn der Vegetationszeit jedoch ein Nährstoffmangel auf den Feldern ersichtlich, der die Aussichten auf eine ertragreiche Ernte zunichte machte. *„Der wirtschaftliche Tiefstand war bei meinem Dienstantritt erschreckend"*, schreibt er später und die beständigen Rückschläge veranlassten ihn bereits im Sommer 1948 dazu, seine Arbeit wieder aufzugeben.[259]

Sein Nachfolger wurde der in Königsberg/Ostpreußen geborene Berthold Sdrenka, der unter Brückner schon als Knecht gearbeitet hatte. Ihm gelang es schließlich, die Landwirtschaft bis 1951 gewinnbringend zu führen. Mit den beengten Wohnverhältnissen, Tür an Tür mit anderen Flüchtlingsfamilien, sah er für seine Familie auf der Dümpelsmühle auf Dauer jedoch keine Perspektive. So wurde 1951 ein erneuter Pachtvertrag mit dem Flüchtlingslandwirt Max Turba geschlossen. Über den Zeitraum der nächsten sieben Jahre führte Turba die Landwirtschaft und widmete sich der Schweinezucht. Als dieser den Entschluss fasste, Aschaffenburg zu verlassen,[260] wurde der Pachtvertrag am 14. November 1957 in gegenseitigem Einvernehmen aufgehoben.[261]

Nach einem arbeitsreichen Leben starb Katharina Kerz am 11. April 1952 im Alter von nur 68 Jahren, ohne je darüber hinweggekommen zu sein, ihre drei Söhne und ihren Mann verlo-

---

259 Schreiben des Landwirts Ernst Brückner vom 08.01.1950, Familienarchiv.

260 Eine Verbindung zur Familie Kerz sollte jedoch dauerhaft bestehen bleiben: Der Sohn des Max Turba heiratete in den 1950er Jahren die älteste Enkelin des Karl Kerz aus der Althohlstraße.

261 Schreiben der Regierung von Unterfranken, Obere Siedlungsbehörde, vom 30.06.1958, Familienarchiv.

ren zu haben. Bis zuletzt hatte sie die Hoffnung nicht aufgeben wollen, dass zumindest ihr Sohn Erich wieder heimkehren würde.

Abbildung 59: Der alte Karl Kerz wurde beim Tod seines Bruders Peter auf die Dümpelsmühle gerufen. Foto: Familienarchiv.

Abbildung 60: Lächeln in schweren Zeiten nach dem Zweiten Weltkrieg - vorne: Katharina Kerz mit ihrer Tochter Loni (Apollonia). hinten: die Töchter Tina (Christine) und Maria. Foto: Familienarchiv.

In den Jahren 1951/52 begann man damit, die Räumlichkeiten im zweiten Obergeschoss des Wohn- und Gasthauses, die in früheren Jahren lediglich als Gesindekammern genutzt worden waren, für die Familie bewohnbar zu machen. Nachdem man die Wohnung in den zweiten Stock verlegt hatte, konnte allmählich in Angriff genommen werden, die Zimmer des ersten Obergeschosses für Pensionsgäste wieder bezugsfertig zu machen. 1952 wurde die Pension Dümpelsmühle mit den ersten fünf Gästezimmern, den Zimmernummern 10, 11, 12, 14 und 18, wieder eröffnet. Etwa zur gleichen Zeit wurde die „eigene" Bushaltestelle der Dümpelsmühle direkt an der Einfahrt eingerichtet, die später als städtische Autobushaltestelle auch den Namen *Dümpelsmühle* erhalten sollte.

1953 inserierte man wie folgt:

„Dümpelsmühle: Café - Gaststätte im Gailbachtal
Das gepflegte Haus im Vorspessart - Moderne Räume - Herrlicher Garten - Fremdenzimmer."[262]

Wenn auch den Geschwistern Kerz außer dem guten Namen des Hauses nach dem Krieg nicht viel geblieben war, so gelang es ihnen mit großer Willens- und Schaffenskraft, das Geschäft wieder aufzubauen und in Gang zu bringen.
Die Pension mit angeschlossener Gaststätte wurde nicht nur von Aschaffenburgern, sondern bald auch von Erholungssuchenden aus ganz Deutschland gut angenommen.

262 Zeitschrift Spessart, Ausgabe 6/1953, S. 15

„Der städtische Autobus trägt uns bis vor den Eingang des früheren Mühlengehöfts, das nunmehr geteilt ist in einen Gutshof, den ein Heimatvertriebener pachtweise bewirtschaftet und in eine anziehende Gaststätte, wo auf Wunsch ein trefflicher Imbiss gereicht wird"[263], schreibt Valentin Pfeifer in der Zeitschrift Spessart.

1952 standen Pensionsgästen 24 Betten, das Einzelzimmer zum Preis von 8,50 DM, das Doppelzimmer zu 13,50 DM zur Verfügung.[264]
Wenngleich den Gästen bereits bei der Eröffnung der Sommerfrische Dümpelsmühle im Jahr 1907 ein erheblicher Komfort mit Badezimmer und Telefon geboten werden konnte, so war die Dümpelsmühle noch bis in die 1950er Jahre nicht der allgemeinen Wasserversorgung angeschlossen. Das Wasser wurde auch bei Wiedereröffnung der Pension noch aus dem hauseigenen Brunnen bezogen und den Hausgästen mühevoll am Morgen mit Kanne und Waschschüssel vor der Zimmertür bereitgestellt. Wurde es nicht in kürzester Zeit verbraucht, erhielt es durch den hohen Eisengehalt bald eine rötlich-braune Färbung. Ein solcher Zustand war dauerhaft genauso wenig tragbar, wie das Beheizen der großzügigen Räumlichkeiten mit Holzöfen, welches das kühle und feuchte Gailbachtal selbst im Sommer unabdinglich machte. So nahm nach dem Anschluss an die städtische Wasserversorgung auch eine Zentralheizung Einzug in die Dümpelsmühle.

In den schwierigen Zeiten nach dem Zweiten Weltkrieg war

263 Pfeifer, Valentin, in der Zeitschrift Spessart, 6/1953, S.9
264 Vgl. Hotel- und Städte- Adreßbuch für Deutschland, Verlag Poppe & Neumann, 1952, S. 18

der in Breslau geborene Musiker und Maler Alfred Hahn (1900-1974) auf die Dümpelsmühle gekommen. Von seinen stimmungsvollen Landschaftsbildern angetan, kauften ihm die Damen Elfen und Hofmann einige seiner Werke ab. Im Laufe der Jahre entwickelte sich so ein freundschaftliches Verhältnis zu Hahn, der in der Nachbarschaft wohnte. Immer wieder erwarben die Eigentümerinnen der Dümpelsmühle das eine oder andere seiner Gemälde, die in Gaststätte und Pension aufgehängt, gemeinsam mit neuer Theke und Bestuhlung, ein stimmiges, geschmackvolles Interieur bildeten. Aus dem Saal verdient außerdem das großformatige Gemälde des Schlosses Johannisburg des Schweinheimer Künstlers Eduard Nagel (1902-1980) Erwähnung, an das sich heute noch ältere Aschaffenburger gerne erinnern. Außer der guten Küche war es so auch besonders die behagliche, warme Atmosphäre des Hauses, die von Besuchern sehr geschätzt wurde.

Die Vorstellungen innerhalb der Erbengemeinschaft waren jedoch unterschiedlich geblieben. Der fehlende Konsens und die häufig wechselnden Pächter der Landwirtschaft führten schließlich zu dem Entschluss, diese endgültig aufzugeben. 1957 setzte sich die Erbengemeinschaft auseinander und Christine Elfen und Apollonia Hofmann übernahmen das Anwesen, sowie die angrenzenden Grundstücke je zur Hälfte. Die landwirtschaftlichen Grundstücke hingegen verblieben in der Erbengemeinschaft.

Die Jahre des Aufschwungs in den 1950er Jahren machten sich allmählich auch in Schweinheim bemerkbar. Als sich die Zeiten langsam besserten, arrangierte man immer wieder auch besondere und große Veranstaltungen auf der Dümpelsmühle. Es gab Schlachtfeste, Hinkelfeste, ein Kriegsversehrtenfest,

Tanzvergnügen und Kappenabende und Feste anlässlich der Schweinheimer Kerb, die solch großen Zulauf hatten, dass die Bestuhlung in Lokal und Gartenwirtschaft nicht ausreichten. Im Zuge der Ausdehnung der Gartenwirtschaft verkleinerte man so den Hausgarten, der in den folgenden Jahren immer weiter zurückgedrängt wurde.

Bei großen Festivitäten wurden Bierzeltgarnituren sogar auf den Streuobstwiesen und ein Tanzboden auf den Wiesen der gegenüberliegenden Seite der Hofeinfahrt aufgebaut. Hierdurch entstanden für Kellner und Bedienungen erhebliche Wegstrecken, die beim Servieren und Bedienen zurücklegt werden mussten.

Auch in Aschaffenburg stationierte amerikanische Soldaten entdeckten die Dümpelsmühle schon bald für sich, schätzten Gastlichkeit und gute Küche gleichermaßen und trafen sich dort häufig zu Kameradschaftsabenden.

Abbildung 61: Blick in den Hof in den späten 1950er Jahren. Vorne Hotel und Gaststätte, im Hintergrund das alte Mühlhaus aus dem 13. Jahrhundert. Foto: Alfen.

Abbildung 62: Anfang der 1950er Jahre - bei besonderen Festivitäten reichten die aufgestellten Bierzeltgarnituren bis zur Gailbacher Straße. Foto: Familienarchiv.

Abbildung 63: Die neu hergerichteten Gastträume in den 1950er Jahren. Foto: Ulrich.

*Abbildung 64: Bei Stammgästen besonders beliebt: Der runde Tisch in der Ecke.
Foto: Familienarchiv.*

Abbildung 65: Hotel-Eingangsbereich und Treppenaufgang in den 1950er Jahren. Foto: Ulrich.

Der gebürtige Schweinheimer, Professor Hans Kolb, schreibt in seinen Erinnerungen:

„Man wandert zur Dümpelsmühle, wo häufig bei schönem Wetter im Wirtsgarten bei Blasmusik getanzt werden kann."[265]

Seit Bestehen der Gaststätte war die Dümpelsmühle ein reiner Familienbetrieb gewesen. Auch der Wiederaufbau in den 1950er Jahren wurde nur möglich, weil die Familie private Interessen zugunsten des Geschäfts zurückstellte. So war es insbesondere auch der Sohn von Apollonia Hofmann, Kurt Hofmann, der den Familienbetrieb von frühester Jugend an in allen Bereichen unterstützte.[266]

Bald war ein Aschaffenburger Stammpublikum an die Dümpelsmühle gebunden und auch Feriengäste aus ganz Deutschland kamen teilweise über viele Jahre auf den Hof, nachdem sie das Gailbachtal ins Herz geschlossen hatten.
In den 1950er und 1960er Jahren richtete man unzählige Feierlichkeiten von Aschaffenburger Familien auf der Dümpelsmühle aus. Von Geburtstagen, über Hochzeiten und Kommunionfeiern, bot die Dümpelsmühle nicht nur Räumlichkeiten und Umgebung, sondern auch den entsprechenden Rahmen für besondere Festlichkeiten.
Allgemein war es bekannt, dass auf der Dümpelsmühle auch außergewöhnliche Anlässe in festlicher Atmosphäre, mit eigens auf das Ereignis abgestimmten Menüs ausgerichtet wer-

265 Kolb, Hans Prof., Sommer wie er früher im alten Schweinheim war, in Schweinheimer Mitteilungsblatt, Ausgabe vom 04.06.2020

266 Der Sohn von Christine Elfen, Robert Elfen, hatte Aschaffenburg nach seinem Abitur im Jahr 1952 verlassen.

den konnten. Und noch bis in die 1970er Jahre servierte der Kellner bei Feierlichkeiten in schwarzem Anzug und weißen Handschuhen.
Auch zahlreiche Weihnachts- und Firmenjubiläen, beispielsweise der Güldner-Motoren Werke, fanden auf der Dümpelsmühle statt. Der Pensionsbetrieb erfuhr durch den Bundesautobahnausbau in den 1950er Jahren weiteren Zulauf, als Mitarbeiter der an den Arbeiten beteiligten Firmen über viele Wochen auf der Dümpelsmühle übernachteten.

Im Sommer 1957 ging auf der Dümpelsmühle eine Buchungsanfrage der Georg Witt-Filmproduktion ein, die gerade die Dreharbeiten zum Film *„Das Wirtshaus im Spessart“* aufgenommen hatte. Ein Teil der Besetzung, darunter die im Nachkriegsdeutschland äußerst populären Schauspieler und Schauspielerinnen, Günther Lüders, Rudolf Vogel, Ina Peters, Otto Storr, Herbert Hübner und Heini Göbel, der auch an den Münchner Kammerspielen engagiert war, verbrachten so mehrere Wochen auf der Dümpelsmühle. Tagsüber mit Filmaufnahmen u.a. in Mespelbrunn beschäftigt, schätzten sie am Abend die gute Küche der Dümpelsmühle und die gepflegte Gastlichkeit. Auch Lilo Pulver, Hans Clarin, Wolfang Neuss und der Regisseur Kurt Hoffmann, die im Haibacher Hof logierten, kamen am Abend des öfteren auf die Dümpelsmühle, um ihre Kollegen zu besuchen.[267] Es war absehbar, dass der Aufenthalt der Berühmtheiten auf der Dümpelsmühle in Schweinheim und Aschaffenburg nicht lange verborgen bleiben würde. So umschwärmten immer wieder Scharen junger Mädchen und Frauen die Hofeinfahrt, in der Hoffnung, einen Blick auf einen der Schauspieler erhaschen und ein Auto-

267 Erinnerungsbericht Dr. Kurt Hofmann.

gramm ergattern zu können.

Trotz allen Zuspruchs, den die Dümpelsmühle in den 1950er und 1960er Jahren erfuhr, wurden die beiden Eigentümerinnen, die Schwestern Christine Elfen und Apollonia Hofmann, auch immer wieder vor große Herausforderungen gestellt. Im Frühjahr 1961 erstellte die Bauaufsichtsbehörde ein Gutachten, bei dem erhebliche Schäden und Mängel am alten Mühlhaus festgestellt wurden. Da das Wohn- und Gasthaus an das alte Mühlhaus angebaut war, kam die Bauaufsichtsbehörde zu dem Schluss, dass *„im derzeitigen Zustand die Sicherheit von Gästen von Pension und Gaststätte nicht mehr gewährleistet ist."*[268]

Um eine drohende Schließung von Pension und Gaststätte zu vermeiden, wurde den beiden Schwestern eine baldige Entscheidung abverlangt. Das alte Mühlhaus hatte erheblich gelitten, als es im Frühjahr 1945 wiederholt dem Schussbereich der Amerikaner ausgesetzt gewesen war, die vom Sternberg aus Artilleriefeuer auf Schweinheim abgegeben hatten. Eine Sanierung erschien nicht wirtschaftlich, zumal das Haus nicht mehr zu Wohnzwecken genutzt wurde. Da kein Denkmalschutz bestand, entschloss man sich dazu, das aus dem 13. Jahrhundert stammende Gebäude und damit den ältesten Teil der Dümpelsmühle abzureißen.

Damit gingen Überlegungen einher, den Hotelbetrieb zu erweitern. Die Fremdenzimmer im Wohn- und Gasthaus entsprachen nicht mehr dem Komfort des Zeitgeists der beginnenden 1960er Jahre. An Stelle des alten Mühlhauses sollte ein neues *Gästehaus Dümpelsmühle* entstehen, das Platz

268 Schreiben der Bauaufsichtsbehörde an die Eigentümer der Dümpelsmühle vom 10.05.1961, Familienarchiv.

für 20 weitere Fremdenzimmer bot. Die Pläne hierfür wurden im September 1961 vom Architekten Ernst Brönner gefertigt. Am 26. Februar 1962 begannen die Abrissarbeiten des alten Mühlhauses und das *Main-Echo* titelte, *„Von der Dümpelsmühle bleibt nur der Name.“*[269]

Zunächst war beabsichtigt gewesen, das alte Mühlrad zu erhalten und es am geplanten Neubau wieder anzubringen. Das allerdings vollkommen morsch gewordene Holz machte eine Erhaltung unmöglich. Lediglich die Mühlsteine, die man später als Blickfang im Hof platzierte und bepflanzte, sowie der Schlussstein, der über dem Haupteingang eingelassen war[270], konnten vor der Abrissbirne gerettet werden.

Der von der Firma Münstermann ausgeführte, 20 Meter lange und 10 Meter breite Neubau, wurde im Herbst 1962 fertiggestellt und das Gästehaus Dümpelsmühle Ende 1962 eröffnet.

Der harmonische Gesamteindruck des Anwesens blieb durch den Neubau weitestgehend erhalten, da man sich architektonisch am Erscheinungsbild des alten Mühlhauses orientiert hatte. Der Neubau wurde im ersten Obergeschoss durch einen Durchgang mit dem alten Wohn- und Gasthaus verbunden, so dass alte und neue Fremdenzimmer eine Einheit bildeten. Obwohl die modernen Räumlichkeiten des Neubaus großen Gefallen bei den Gästen fanden, gab es immer wieder Erholungssuchende, welche die Schlichtheit der alten Räumlichkeiten bevorzugten und gezielt wünschten, dort untergebracht zu werden.

Durch ihren unermüdlichen Einsatz war es Christine Elfen und

269 Main Echo vom 27.02.1962

270 Wie an anderer Stelle erwähnt, wurde der Schlussstein später unterhalb des Turmanbaus im Haupthaus eingelassen.

Apollonia Hofmann gelungen, die Dümpelsmühle als Ausflugslokal und Familienhotel in Aschaffenburg fest zu etablieren und noch weiter auszubauen. In den 1960er Jahren erfuhr das Geschäft einen Zuspruch, wie es ihn seit der Eröffnung der Sommerfrische Dümpelsmühle im Jahr 1907 noch nicht gesehen hatte.

Abbildung 66: Blick auf das alte Mühlhaus, das im Zweiten Welt-krieg schwer beschädigt wurde. Zeichnung: F. J Kerz.

Abbildung 67: Das alte Mühlrad. Zeichnung: F. J. Kerz

Abbildung 68: An Stelle des alten Mühlhauses entstand das „Gästehaus Dümpelsmühle", das Ende 1962 fertiggestellt wurde. Foto: Ulrich.

Abbildung 69: Der ursprünglich über der Eingangstür des Mühlhauses einglassene Schlussstein aus dem Jahr 1809 erinnert an den Beständer Heinrich Kaufmann. Er wurde nach Abbruch des Mühlhauses erhalten und an eine andere Stelle versetzt. Foto: F. J. Kerz.

Immer wieder fand die Dümpelsmühle in der Zeitschrift *Spessart* Erwähnung, so z.B. 1963:

„[...]hinab ins Gailbachtal. Rechts des Weges lockt uns die Dümpelsmühle, eines der beliebtesten Aschaffenburger Ausflugsziele, in ihren gastlichen Garten oder ihre freundlichen Räume.“[271]

Und 1961 meinte das *Main-Echo*:

„Ein behäbiges Fachwerkhaus mit schöner Tür, ein paar wuchtige Bäume davor, die im Sommer Schatten spenden: mit einem Wort, ein Ausflugslokal im Frankenland. Die Aschaffenburger brauchen gar nicht weit zu reisen, um zur schönen Sommerzeit im Schatten der Bäume zu sitzen. Es ist die Dümpelsmühle.“[272]

1966 war die Filmbranche erneut auf der Dümpelsmühle zu Gast. Peter Beauvais, der für den Hessischen Rundfunk den Film *„Ein Duft von Blumen“* drehte, machte u.a. Filmaufnahmen auf dem Schweinheimer Judenfriedhof. Außer ihm übernachteten seine Ehefrau Sabine Sinjen, Joseph Offenbach, Ingeborg Lapsien und Ulrich Schamoni auf der Dümpelsmühle.

In den Jahren 1968 und 1969 kam das Gästehaus Dümpelsmühle auf eine Auslastung von 5070 bzw. 5120 Übernachtungen p.a.[273]

Obwohl auch der *Aschaffenburger Hof* und das *Hotel Wilder Mann* bereits existierten, finden sich in den Reiseführern für

---

271 Spessart, Ausgabe 6/1963, S. 7

272 Main Echo, Ausgabe vom 27.03.1961, S. 5

273 Vgl. Buchungs- und Rechnungsbücher der Dümpelsmühle, Archiv Dr. Kurt Hofmann.

Aschaffenburg und Umgebung der 1960er und 1970er Jahre unter der Sparte *„Hotels“* gelegentlich nur zwei Einträge: Das *Hotel Post* (Goldbacher Straße, Aschaffenburg) und das *Hotel Dümpelsmühle.*[274]

Die aus dem 18. Jahrhundert stammenden Stallungs- und Scheunengebäude mit ihren markanten roten Sandsteinecken waren seit Aufgabe der Landwirtschaft ungenutzt. 1969 entschloss man sich dazu, diese abzubrechen. Die Unterhaltung der Dümpelsmühle war seit jeher durch den Mühlenbetrieb, später die Landwirtschaft und schließlich das Gaststätten- und Hotelgewerbe getragen worden. Im Hinblick darauf, dass es ungewiss war, wie lange Hotel und Gaststätte noch würden fortgeführt werden können, beschloss man, an Stelle der ehemaligen Stallungen ein Wohnhaus für mehrere Parteien zu errichten. Die Pläne für das mit sechs Wohnungen konzipierte Haus wurden durch den Architekten Elmar Bachmann im Juni 1969 gefertigt und das Bauvorhaben im Jahr 1972 fertiggestellt. Auch die alte Kegelbahn musste weichen und Platz für einen Carport-Neubau schaffen. Da immer mehr Gäste mit dem eigenen Auto anreisten, war es zu einer absoluten Notwendigkeit geworden, weitere Parkmöglichkeiten zu schaffen. Bei der Bauplanung war es angedacht gewesen, dass sowohl Christine Elfen, als auch Apollonia Hofmann, im neu erbauten Wohnhaus je eine Wohnung beziehen sollten. Christine Elfen konnte sich jedoch mit einem Umzug in den Neubau nicht anfreunden und verblieb zeitlebens auf der anderen Hofseite. Apollonia Hofmann bezog nach Fertigstellung ihre Wohnung im ersten Obergeschoss des neu errichtenden Wohnhauses, die fünf verbliebenen Wohnungen wurden vermietet.

---

274 Rast auf Reisen, Reise- und Verkehrsverlag GmbH, Berlin - Stuttgart - Gütersloh, 1976, S. 68.

Abbildung 70: Drei Emailleschilder, die aus den 1969 abgebrochenen Stallungen gerettet wurden. Die Schilder stammen aus der Zeit des Franz Kreier, der Mitte des 19. Jahrhunderts - Foto: F. J. Kerz.

Abbildung 71: An Stelle der ehemaligen Stallungen entstand 1972 ein neues Mehrfamilienhaus. Foto: Familienarchiv.

Abbildung 72: Das neuerbaute Mehrfamilienhaus von der Westseite aus mit Blick auf den Bach. Foto: Familienarchiv.

Abbildung 73: Reger Betrieb auf der Dümpelsmühle in den 1970er Jahren. Foto: Familienarchiv.

Abbildung 74: Blickfang im Hof - die bepflanzten Mühlsteine und Sandsteintröge in den 1970er Jahren. Foto: Familienarchiv.

Abbildung 75: Sommer auf der Dümpelsmühle.
Foto: Familienarchiv.

Abbildung 76: Eingeschneit - Blick auf die Hofeinfahrt der Dümpelsmühle im Winter in den 1970er Jahren. Foto: Familienarchiv.

Abbildung 77: Prospekte, Ansichtskarten und Briefköpfe aus der Zeit zwischen 1907 und 1990. Collage: F. J. Kerz

Für die beiden Damen Christine Elfen und Apollonia Hofmann, die sich allmählich dem Rentenalter näherten, wurde es immer beschwerlicher, insbesondere den Gastronomiebetrieb in seiner bisherigen Form aufrecht zu erhalten. An gut besuchten Sonntagen hatte es ein Aufkommen von etwa 120 Mittagessen gegeben, die - auch mangels Personal - nur noch schwer zu stemmen waren. So entschied man sich 1972 schließlich, den Sonntag zum Ruhetag zu erklären. Bald darauf wurden auch die Öffnungszeiten unter der Woche reduziert. Man bot keinen Mittagstisch mehr an, sondern öffnete werktags ab 17 Uhr. Die treuen Stammgäste blieben weiterhin erhalten, während Christine Elfen und Apollonia Hofmann zumindest ein wenig Entlastung erfuhren. Besonders nach Reduzierung der Öffnungszeiten, gingen auf der Dümpelsmühle zahlreiche Anfragen von Gastwirten zu einer pachtweisen Übernahme ein.[275] Vor allem für Christine Elfen kam jedoch ein fremd geführtes Lokal auf der Dümpelsmühle nicht in Frage.

So gaben die Damen Elfen und Hofmann im September 1976 bekannt:

„Den Gästen und Freunden unseres Hauses geben wir davon Kenntnis, dass wir den Tagesbetrieb und das Restaurant schließen. Ab 1. Oktober 1976 führen wir das Anwesen als Hotel Garni. Wir danken unseren werten Gästen und allen Freunden des Hauses für das erwiesene Wohlwollen.“[276]

Mit der Weiterführung des Hotelbetriebes blieben die Übernachtungsmöglichkeiten auf der Dümpelsmühle erhalten. Die Hotelgäste wurden in der Gaststätte mit Frühstück versorgt und konnten bei Bedarf auch ihr Abendessen dort einnehmen.

---

275 Familienarchiv.
276 Familienarchiv.

Für die Öffentlichkeit blieb der gastronomische Betrieb auf der Dümpelsmühle jedoch dauerhaft geschlossen.

Auch wenn die Auslastung des Hotelbetriebes in den 1980er Jahren nachließ, so verlangte die Aufrechterhaltung des Geschäfts den betagten Damen alles ab, die an sich selbst hohe Ansprüche stellten und denen die Zufriedenheit der Gäste stets ein großes Bedürfnis war, das sie über ihre eigenen Belange stellten.

Im September 1992 führte die Stadt Aschaffenburg eine Hotel- und Gaststättenüberprüfung, sowie eine Feuerbeschau auf der Dümpelsmühle durch. Die Auflagen, die im Anschluss des Ortstermins zur Weiterführung des Hotels gestellt wurden, waren erheblich. So sollte beispielsweise verlegter Teppichboden entfernt, die Türen zum Gastraum durch feuerfeste T-30-Türen ersetzt, am Kellerabgang ein Handlauf angebracht, eine Alarmanlage und Rettungssymbole installiert werden. Ferner wurden die 1906 genehmigten Gesindekammern im zweiten Obergeschoss bemängelt und gefordert, dass in diesen, sofern die Räume als Schlafräume genutzt werden sollten, größere Fenster eingebaut werden müssten.[277]

Zu diesem Zeitpunkt war Apollonia Hofmann 79 Jahre, Christine Elfen 84 Jahre alt. Gegen Übernahme der Haftung für eventuelle Brandschäden, die auf Nichtbeseitigung der Mängel beruht hätten, wurde den Schwestern schließlich gestattet, den Betrieb bis zum 01. September 1993 fortzuführen.[278]

Es schien sich so abzuzeichnen, dass auch die Geschichte des

277 Vgl. Schreiben des Bauaufsichtsamts Aschaffenburg vom 25.09.1992, Familienarchiv.

278 Vgl. Schreiben von C. Elfen und A. Hofmann an die Stadt Aschaffenburg vom 25.04.1993, Familienarchiv.

Hotels Dümpelsmühle bald ein Ende nehmen würde. Die auf etwa 100.000 Mark[279] bezifferte Mängelbeseitigung wurde nicht mehr in Angriff genommen und im September 1993 schloss das Hotel Dümpelsmühle für immer seine Türen.

Christine Elfen starb am 28. Februar 1994, Apollonia Hofmann am 17. Februar 1998. Bereits 1973 hatten die beiden Schwestern das Anwesen ihren Söhnen Dr. Robert Elfen und Dr. Kurt Hofmann je zur Hälfte übergeben. Im Juni 1996 setzte sich die *Erbengemeinschaft nach Peter Kerz* - wie sie noch immer hieß - ein letztes Mal auseinander und Dr. Robert Elfen übernahm die Dümpelsmühle als Alleineigentümer.

Dieser bezog zunächst übergangsweise den 1. Stock des ehemaligen Wohn- und Gasthauses, bevor er sich in dem 1972 fertiggestellten Neubau eine Wohnung einrichtete.
2012 unternahm er nochmals einen Umzug innerhalb des Hofes, nachdem er das Gästehaus (Hs-Nr. 80B) zu einem großzügigen Einfamilienhaus ausgebaut hatte. Nach Verkauf des Mehrfamilienhauses (Hs-Nr. 80A), das an Stelle der ehemaligen Stallungen steht, wurde dieses ab 2018 aufwendig revitalisiert und sowohl optisch, als auch energetisch saniert. So entstand dort nach umfangreichen baulichen Maßnahmen moderner Wohnraum, der sich auf sechs Wohnungen, mit insgesamt fast 600 Quadratmetern Wohn-/Nutzfläche aufteilt.[280]

279 Vgl. Gutachten des öffentlich bestellten Gutachters Karl Zernetsch vom 16.10.1993, Familienarchiv.

280 Pressemitteilung der DWG vom 09.04.2020, https://dwg-eg-news.com/2020/04/09/objekte-der-dwg-eg-wohnen-in-parkaehnlicher-umgebung-in-der-duempelsmuehle-in-aschaffenburg/, abgerufen im Internet am 05.10.2020.

Bis in unsere heutige Zeit reicht also der beständige Wandel, dem die Dümpelsmühle im Laufe der Jahrhunderte unterworfen war. Ein Wandel in Form von Veränderung und Weiterentwicklung, der nicht als Negativum begriffen werden darf, sondern als Grundvoraussetzung dafür, dass das Anwesen noch bis ins 21. Jahrhundert erhalten geblieben ist. So scheinen auch im Bezug auf die Dümpelsmühle die Worte Gustav Heinemanns treffend, der meinte, *„wer nichts verändern will, wird auch das verlieren, was er bewahren möchte."*

Abbildung 78: Blick auf die alte Dümpelsmühle von der Ostseite aus im Jahr 2019. Foto: F. J. Kerz

Aus dem Kochbuch der Dümpelsmüllerin

Rezepte der Katharina Kerz, geb. Schwind etwa um 1905

Nach Abschluss der Volksschule besuchte Katharina Schwind (1884-1952) eine Haushaltungsschule bei Miltenberg. Dort wurden die sog. *Haustöchter* in Handarbeiten, Kochen und Backen unterrichtet.

Die Sommerfrische Dümpelsmühle bot ihren Gästen seit 1907 auch stets regionale und saisonale Spezialitäten – darunter Wild-, Geflügel- und Fischgerichte. So finden sich in jenem handgeschriebenen Kochbüchlein auch Speisen wie Kalbsnierenbraten, Hasenpfeffer, Gesalzene Zunge, Roastbeef, Rehbraten und Gefülltes Herz.

Für die Familie selbst war die Kartoffel stets Bestandteil der alltäglichen Speisen in allen denkbaren Variationen. Wenn sich eines der Kinder über das Essen beschwerte, was sich diese ohnehin nur selten erlaubten, tadelte die Mutter: *„Wenn es Dir nicht passt, was auf den Tisch kommt, so suchst Du Dir ein anderes Kosthaus."*[281] Die Rezepte, von denen das eine auch heute noch gebräuchlich, ein anderes eher ausgefallen ist, sind auch ein Zeugnis ihrer Zeit, weshalb eine kleine Auswahl hier wiedergegeben werden soll.[282]

281 Erinnerungsbericht von Dr. Robert Elfen an den Verfasser vom 05.06.2019.

282 Die Rezepte wurden überwiegend 1:1 aus dem noch erhaltenen

Brotsuppe

Schwarzbrot wird in feine Scheiben geschnitten, im Backofen geröstet und mit etwas Wasser oder Fleischbrühe, Salz und einem Stück Butter beigestellt und langsam weich gekocht. Sobald das Brot weich ist, treibt man es durch ein feines Sieb, füllt so viel Fleischbrühe oder Wasser nach, daß die Suppe gut sämig wird u. läßt sie nochmals durchkochen. Beim Anrichten rührt man die Suppe mit Rahm ab und bestreut sie mit Schnittlauch.

Fastnachtsküchlein

Mit 5/4 erwärmten Mehls, ¼ Pfund Butter, 1 Eßlöffel Schweinefett, 1/5 Liter Milch, 1-2 Eier, 50g Zucker, etwas Salz, 20-25g Hefe, bereitet man einen glatten Hefeteig, welcher tüchtig geschlagen werden muss. Alsdann lässt man ihn gut gehen, nimmt ihn dann auf das erwärmte Wellbrett und wellt ihn auf 1 cm Dicke aus. Nun sticht man mit einem Glas runde Küchlein ab. Diese lässt man nochmals 15 Minuten gehen und bäckt sie dann schwimmend in heißem Fett schön gelb. Dann werden sie auf Brot entfettet und mit Zucker und Zimt bestreut. Will man sie füllen, dann wellt man sie nur ½ cm dick aus, setzt auf ein Küchlein einen Teelöffel Eingemachtes, bestreicht das Küchlein am Rande mit Eiweiß, gibt ein Zweites darauf und drückt diese am Rande gut zusammen. Hierauf werden sie in Fett gebacken wie die anderen.

Gänsebraten

Eine junge Gans erkennt man daran, daß die Luftröhre weich ist. Sie wird ausgenommen, gesengt und gewaschen, innen mit

---

Kochbuch transkribiert und lediglich geringfügige Anpassungen, die dem besseren Verständnis dienen, vorgenommen.

Salz bestreut und gefüllt wie folgt: 5 Brötchen werden eingeweicht und verzupft, dann dünstet man 80g Butter, Zwiebel und Petersilie, gibt den Brötchen ebenso fein das gewiegte Herz, Leber und Magen zu, lässt es dämpfen, gibt Salz, Pfeffer, Muskat und 4 Eier zu, füllt die Gans und näht sie zu. Man kann sie auch mit Kastanien füllen. 4 Pfund Kastanien werden geschält, in kochendem Wasser einige Male aufgekocht, nochmals geschält und in Gänsefett nebst Zwiebeln und Fleischbrühe gedämpft und eingenäht. Alsdann bestreut man die Gans mit Salz und Pfeffer, stellt sie in Fleischbrühe oder kaltem Wasser auf, lässt sie, wenn dasselbe verdunstet, in eigenem Fett anbraten, gibt Gelbe Rüben und Zwiebeln zu brät sie 2 ½ Stunden im heißen Ofen.

Gerstensuppe

¼ Pfund Gerste wird gewaschen, mit kaltem Wasser und etwas Butter beigestellt, nach und nach mit der nötigen Fleischbrühe aufgefüllt und 2 ½ bis 3 Stunden gekocht. ½ Stunde vor dem Anrichten rührt man ein Mehlteiglein in die Suppe und überstreut sie mit Schnittlauch.

Kartoffelklöße

2 ½ Pfund einen Tag zuvor gekochte Kartoffeln werden gerieben. Dazu gibt man 2 in Würfel geschnittene, in Butter geröstete Brötchen, wenig in Butter gedämpfte Zwiebel und Petersilie, Salz, 2 Eier und so viel Mehl oder Weckmehl, daß der Kloß gut zusammenhält. Hierauf formt man schöne Klöße, kocht dieselben 8-10 Minuten in kochendem Salzwasser. Beim Anrichten werden sie mit in Butter gerösteten Weckbrosamen überschmelzt.

Kartoffelsuppe

In 1 Liter heißem Fett dämpft man in Scheiben geschnittene Gelbrüben, Sellerie, Petersilie und Zwiebel hellgelb, gibt 1 ½ bis 2 Pfund gewaschene, geschälte und in Scheiben geschnittene Kartoffeln dazu, lässt die etwa 5 Minuten dämpfen, füllt mit heißem Wasser auf, würzt mit Salz und lässt die Kartoffeln langsam weich kochen. Nun treibt man sie durch und füllt mit dem nötigen Wasser auf und lässt sie nochmals durchkochen. Beim Anrichten rührt man die Suppe mit Ei und Rahm ab und bestreut sie mit Schnittlauch.

Markklößchen

Das Mark lässt man in der Pfanne auf dem Feuer zergehen, seiht es durch ein Sieb, gibt ein eingeweichtes, ausgedrücktes Brötchen, 1-2 Eier, gedämpfte Zwiebel, Petersilie und etwas Weckmehl zu, formt kleine Kugeln und kocht diese 5 Minuten in kochendem Salzwasser oder in der Fleischbrühe ab.

Rote Rüben

Kleinere rote Rüben werden vom Kraut befreit, gewaschen, mit so viel Wasser beigestellt, daß sie ganz damit bedeckt sind und weich gekocht. Sind sie etwas abgekühlt, werden sie geschält und in feine Scheiben geschnitten. Dann macht man von halb Essig, halb Wasser, Koriander, Salz, Zucker, Lorbeerblatt, in Scheiben geschnittene Zwiebel, Pfeffer, eine Lake, gibt die erkalteten Rotrüben in den Steinguttopf, gießt die Lake nebst den Gewürzen darüber. Die Rüben müssen ganz bedeckt sein. Der Haltbarkeit wegen legt man einige Stücke gereinigten Meerrettich darauf, bindet den Topf zu und stellt ihn an einen kühlen trockenen Ort.

Sauerbraten

Dazu nimmt man das Schwanzstück. Das Fleisch wird geklopft, in einen Topf gelegt und mit Essig übergossen und Zwiebel, Nelke, Pfefferkörner, Lorbeerblatt, Gelbe Rüben beigegeben. Darin bleibt das Fleisch 3-6 Tage liegen. Dasselbe muss täglich gewendet werden. Vor dem Gebrauche wird es mit Salz und Pfeffer abgerieben und in heißem Fett angebraten. Nun gibt man das Bratengemüse aus der Beitze zu und läßt das Fleisch gut zugedeckt auf nicht so starkem Feuer durchdämpfen. Dann macht man von 2 Eßöffeln Fett und 3 Eßlöffeln Mehl einen Braunen Beiguss, gibt ihn zum Fleisch, würzt noch mit ½ Glas Wein und etwas Rahm und seiht den Beiguss durch.

Schinkenkartoffeln

3 Pfund Kartoffeln werden geschält und in Scheiben geschnitten. ½ Pfund Schinken wird fein gewiegt und mit etwas Rahm und Milch untermischt. Alsdann legt man die Kartoffeln und den Schinken lageweise in eine mit Butter bestrichene und mit Weckmehl bestreute Form. Die letzte Schicht müssen Kartoffeln sein. Diese belegt man dann mit Butterstückchen und lässt sie im Backofen eine ¾ Stunde ziehen.

Weckauflauf

6 trockene, abgeriebene Brötchen werden zu feinen Scheiben geschnitten und diese mit Butter bestrichen. Nachdem man eine feuerfeste Platte mit Butter und Weckmehl vorbereitet hat, werden die Scheiben lageweise in die Form gelegt. Dazwischen gibt man 100g Rosinen, 100 geschälte und geschnittene Mandeln und etwas Zitrone. Sodann werden 3 Eier, 60g Zucker und 2/5 Liter Milch gut verrührt, über die Brotmasse ge-

gossen und zum Durchziehen auf die Seite gestellt. Man bestreut den Auflauf mit Weckmehl und Butterstückchen und lässt ihn in mäßig heißem Ofen aufziehen.

Weckschnitten

5-6 Brötchen werden abgerieben, der Länge nach in 6-7 Scheiben geschnitten. Diese werden durch fließendes Wasser gezogen und zum Abtropfen auf ein Tuch gelegt. ¾ Pfund Mehl wird mit ½ Liter Milch, 3 Eiern u. Salz zu einem dicken Pfannkuchenteig gerührt. In diesem wendet man die Schnitt und bäckt sie in heißem Fett auf beiden Seiten goldgelb.

Weiße Rüben – Bodenkohlraben

Die Rüben werden geschält, in Scheiben geschnitten, gewaschen und in kochendes Salzwasser gegeben. Sobald sie halb weich sind, kann man 3-4 geschälte, in Würfel geschnittene Kartoffeln zugeben und dann zusammen weich kochen lassen. Hierauf gießt man sie ab und verrührt sie oder treibt sie durch, gibt eine gelbe Mehlschwitze daran, Salz, Pfeffer hinzu und lässt sie gut durchkochen.

Wiener Schnitzel

Aus einer Kalbskeule schneidet man fingerdicke, handbreite und handlange Stücke, klopft und hackt dieselben gut und gibt ihnen mit dem Hackmesser eine schöne Form. Kurz vor dem Backen werden sie mit Salz und Pfeffer bestreut, in verrührtem Eiweiß, dann in Weckmehl umgewendet und in heißem Fett unter öfterem Begießen schön braun gebraten. Sobald sie fertig sind, gießt man das Fett ab, gib ein wenig Butter zu und lässt diese gut durchziehen.

Zeitlicher Überblick über die Geschichte der Dümpelsmühle

1298
erste urkundliche Erwähnung der Dümpelsmühle in einer Güterbeschreibung der Besitzungen des Siegfried von Gelnhausen.

1305
vermacht Siegfried von Gelnhausen die Dümpelsmühle in seinem Testament dem Kollegiatstift St. Peter und Alexander.

1321
geht die Dümpelsmühle nach dem Tod von Siegfried von Gelnhausen in Besitz des Kollegiatstifts St. Peter und Alexander über. Theodoricus de Wyler wird Lehensträger.

1334
wird die Dümpelsmühle als „moledino in Indagine versus Rodenwasser“ erwähnt.

1481
findet die Dümpelsmühle Erwähnung als Mühle „ime hayne“ in der Aschaffenburger Marktordnung.

1608
wird Georg Schiffer als Beständer auf der Dümpelsmühle genannt.

1610
erscheint die Dümpelsmühle als „Mühle uff dem Schafdümpel".

1612
wird die Dümpelsmühle von dem Lehnsmann Jörg Schneider bewirtschaftet.

1624
ist Jörg Schiffer der „Müller im Schafdümpel".

1688
wird Hans Conrad Helfrich als Beständer auf der Dümpelsmühle genannt.

1734
bewirtschaftet der Sohn des Hans Conrad Helfrich, Konrad Helfrich die Dümpelsmühle.

1755
ist der 1693 geborene Sebastian Ziner [Ziener] Müller auf Dümpelsmühle

1799
übernimmt Johann Heinrich Kaufmann als letzter stiftischer Pächter das Anwesen.

1820
erwirbt der Müllermeister Sebastian Amend (1769-1821) die Dümpelsmühle nach Liquidierung des Stiftvermögens.

1821
Nach dem Tod des Sebastian Amend wird dessen Sohn, Karl Ignaz Amend (*1798) Eigentümer der Dümpelsmühle.

1839
ersteigert Franz Kreier die Dümpelsmühle zu einem Preis von 3000 Gulden.

1855
eröffnet Franz Kreier eine Sommerwirtschaft und damit den ersten gastronomischen Betrieb auf der Dümpelsmühle.

1864
erhält die Dümpelsmühle die Bezeichnung *„Einöde."*

1866
erweitert Franz Kreier die Dümpelsmühle um einen überirdischen Felsenkeller.

1874
ersteigert Johann Baptist Kerz die Dümpelsmühle von den Erben des Franz Kreier zu einem Preis von 14.000 Gulden, nimmt den Mahlbetrieb auf und eröffnet eine Heckenwirtschaft.

1894
erbaut und eröffnet Katharina Kerz das erste Wirtslokal auf der Dümpelsmühle.

1897
wird Katharina Kerz nach dem Tode ihres Mannes Eigentümerin der Dümpelsmühle.

1905
verkauft Katharina Kerz die Dümpelsmühle an ihren Sohn Peter Kerz zum Preis von 25.000 Mark.

1906/07
erweitert Peter Kerz mit umfangreichen Baumaßnahmen das Wohn- und Gasthaus und eröffnet die Sommerfrische und den Luftkurort Dümpelsmühle.

1927
wird die Dümpelsmühle elektrifiziert.

1945
geht die Dümpelsmühle nach dem Tod von Peter Kerz in die *Erbengemeinschaft nach Peter Kerz* über.

1949
eröffnet die Gastwirtschaft Dümpelsmühle nach dem Zweiten Weltkrieg wieder.

1952
öffnet das Hotel Dümpelsmühle wieder für Gäste.

1957
sind nach teilweiser Auflösung der Erbengemeinschaft Christine Elfen, geb. Kerz und Apollonia Hofman, geb. Kerz, nun je zur Hälfte Eigentümerinnen der Dümpelsmühle.

1962
wird das alte Mühlhaus abgerissen, der Neubau des Gästehauses Dümpelsmühle entsteht.

1969
wird mit dem Abriss von Stallungen und Scheune begonnen.

1972
wird das Mehrparteienhaus, das an Stelle der ehemaligen Stallungen errichtet wurde, fertiggestellt.

1976
schließt die Gastwirtschaft Dümpelsmühle für den regulären Tagesbetrieb.

1993
schließt das Hotel Dümpelsmühle.

1996
wird Dr. Robert Elfen nach vollständiger Auflösung der Erbengemeinschaft alleiniger Eigentümer der Dümpelsmühle.

2012
revitalisiert Dr. Robert Elfen das ehemalige Gästehaus (Hs-Nr. 80B) und baut es zu einem großzügigen Einfamilienhaus um.

2018
wurde damit begonnen das Mehrfamilienhaus (Hs-Nr. 80A), das an Stelle der ehemaligen Stallungen steht, aufwendig zu revitalisieren.

Stammlinie der Familie Kerz

Die Stammlinie der Familie Kerz lässt sich bis ins frühe 17. Jahrhundert nachverfolgen; eine noch weiter zurückreichende Recherche wird aufgrund des Bestandsverlustes von Kirchenbüchern während des Dreißigjährigen Krieges allerdings erschwert. Es ist nicht unwahrscheinlich, dass es sich um einen sog. *Herkunftsnamen* handelt und die Vorfahren einst aus dem Ort *Cârta* (deutsch: Kerz) in Siebenbürgen/Rumänien kamen. Im 17. Jahrhundert war die Familie Kerz bereits in der Mainzer Umgegend ansässig.

Um dem Leser in Anbetracht der sich über Generationen wiederholenden Vornamen und damit verbundenen Namensgleichheiten, das Verständnis zu erleichtern und einen Überblick geben zu können, soll die die Stammliste der Familie Kerz, seit ihrer Ansäßigmachung in Schweinheim wiedergegeben werden.

I. <u>Stammeltern</u>

Johann Baptist Kerz, Dümpelsmüller
* 01.02.1842 in Bodenheim
† 20.11.1897 in Werneck
Sohn des Bauers Jakob Kerz (1810–1866) und der Sophia Kern (1809–1885)
verh. am 06.11.1872 in Bodenheim mit
Katharina Reinhart
* 15.04.1844 in Bodenheim
† 25.12.1916 in Schweinheim
Tochter des Chausseegelderhebers Matthäus Reinhart (1806–1864) und der Katharina Kreier (1805-1880); <u>Nichte</u> des Müllermeisters *Franz Kreier* (1801- 1874)

II. <u>Kinder von I.</u>

1.) <u>Maria</u> Katharina
* 03.11.1873 in Bodenheim
† 12.01.1909 in Göppingen
verh. am 12.05.1898 in Aschaffenburg mit
Heinrich Ferdinand Rothhan, Bahnexpeditor
* 28.11.1872 in Aschaffenburg
† 08.05.1939 in Aschaffenburg

2.) Johann <u>Peter</u>, Dümpelsmüller, Bauer und Wirt
* 25.01.1875 in Schweinheim
† 26.03.1945 in Schweinheim
verh. am 31.01.1907 in Schweinheim mit
Katharina Schwind
* 12.05.1884 in Schweinheim
† 19.04.1952 in Schweinheim
Tochter des Brauereibesitzers August Schwind (1854 – 1903) und der Christine Eckert (1856-1916)

3.) Matthias Karl Heinrich, Land- und Gastwirt
* 07.03.1876 in Schweinheim
† 22.02.1951 in Schweinheim
verh. am 23.02.1905 in Schweinheim mit
Eva Maria Oberle
* 10.09.1880 in Schweinheim
† 15.08.1963 in Schweinheim
Tochter des Landwirts Valentin Oberle (1846–1909)
und der Anna Maria Schadler (1848–1918)

4.) Johann Peter Joseph
* 18.10.1881 in Schweinheim
† 10.04.1882 in Schweinheim

5.) Sofia Apollonia
* 18.06.1883 in Schweinheim
† 09.08.1943 in Mainz-Weisenau
verh. am 01.09.1926 in Bodenheim mit
Heinrich Siegling, Landwirt

Kinder von 1.)

a.) Maria (1899–1978)
verh. mit Hans Greiner
b.) Hubert Heinrich Josef Ferdinand (1900–1978)
verh. mit Maria Emilie Völker
c.) Walter (1903–1939)
verh. mit Maria Apfelbaum

Kinder von 2.)

a.) Christine (1908–1994)
verh. mit René Elfen (1906–1944)
b.) Karl (1909–1944)

verh. mit Angela Kempf (1918–2001)
c.) Konrad (1911–1941)
d.) Apollonia (1913–1998)
verh. mit Karl Hofmann (1912–1948)
e.) Erich (1921–1944)
f.) Maria (1922–2019)
verh. mit Fridolin Spinnler (1909–1964)

Kinder von 3.)

a.) Maria (1905–1991)
verh. mit Josef Rickert (1904–1945)
b.) Katharina (1907–1994)
verh. mit Heinrich Schadler (1896–1968)
c.) Karl (1910–1987)
verh. mit Walburga Staudt (1914–2003)
d.) Walter (1912–1997)
verh. mit Margarethe Steinberger (1914–2006)
e.) Apollonia (1919–1993)
verh. mit Reinhold Reisert (1917-2005)

Aus den Linien der Maria Rothhan, geb. Kerz, des Peter Kerz und des Matthias Karl Heinrich Kerz gibt es lebende Nachkommen.

In Schweinheim existierten seit jeher sog. „Über-Namen“ oder „Bei-Namen“ (Schweinheimer Dialekt: „Ounome“), um die sich häufig wiederholenden Familiennamen verschiedener Linien voneinander unterscheiden zu können. Der „Ounome“ galt dabei für einen gesamten Familienzweig und ist damit nicht mit einem Spitznamen, der an eine bestimmte Person gekoppelt war, zu verwechseln. Da der Nachname Kerz in Schweinheim erstmals 1874 und nur in einer Familie auftauchte, hat die Familie einen solchen Bei-Namen nie erhalten.

Lediglich dem Dümpelsmüller Peter Kerz war in Schweinheim aufgrund seiner Leidenschaft für die Geflügelzucht der Spitzname „*Hinkelbruder*“[283] zuteil geworden.

Bevor die Familie Kerz 1874 von Bodenheim auf die Dümpelsmühle gekommen war, scheint der Name Kerz nur ein weiteres Mal in Aschaffenburg vorgekommen zu sein. Es handelt sich dabei um den Freiherrlich von Dalberg'schen Sekretär Jacob Kerz, der am 10. Mai 1838 ohne Nachkommen in Aschaffenburg starb. In seinem Testament vom 15. Januar 1831 stiftete er den Kerz'schen Armenfond, dem nach seinem Tode ein etwa 32.000 fl. umfassendes Vermögen zufloss.[284] Eine verwandtschaftliche Verbindung zu der Familie Kerz auf der Dümpelsmühle ist allerdings nicht nachweisbar.

Während in Bodenheim der Familienname Kerz auch heute noch weit verbreitet ist, gibt es im Aschaffenburger Raum nur noch wenige Namensträger.

---

283 Schriftlicher Erinnerungsbericht von Dr. Robert Elfen, „Mein Großvater Peter Kerz“ an den Verfasser vom 22.05.2019.

284 Vgl. Herrlein, Alexander von, Ein Handbuch für die Jugend, Verlag Krebs, Aschaffenburg, 1849, S. 36

Nachwort

„Eine Chronik schreibt nur derjenige,
dem die Gegenwart wichtig ist.“

- Johann Wolfgang von Goethe

Im Jahr 2017 trat mein Verwandter, Herr Dr. Elfen, mit der Bitte an mich heran, gemeinsam mit ihm eine Dokumentation zur Dümpelsmühle zu erarbeiten.

Als wir zunächst damit begannen, die Familienunterlagen zu sichten, war das Ausmaß dessen, was uns erwartete und wie die weitere Recherche verlaufen sollte, noch nicht absehbar. Zunächst musste ein Überblick über die große Anzahl vorhandener Unterlagen, Dokumente und Fotos zur Hof- und Familiengeschichte verschafft werden. Die Fülle des erhalten gebliebenen Materials soll aber nicht den Eindruck erwecken, dass es sich schon damals um ein geordnetes Archiv gehandelt habe. Teilweise fanden sich lediglich Fragmente, die erst nach weiteren umfangreichen Nachforschungen in die Gesamtheit der Geschichte eingebettet werden konnten. Eine Ordnung innerhalb des Archivs ergab sich so erst im Laufe des Entstehungsprozesses des Buches. Schließlich fanden sich in Form von altem Inventar auch auf dem gesamten Anwesen noch überall Spuren seiner Geschichte und Besitzer.

Im weiteren Verlauf der Arbeit ergänzten Unterlagen aus staatlichen Archiven die Dokumentation um zusätzliche wichtige Informationen. Gemeinsam mit den Berichten und

Erzählungen der Zeitzeugen, stellen sie weitere unentbehrliche Quellen dar, die es überhaupt erst ermöglichten, dieses Projekt zum Abschluss zu bringen.

Es fällt schwer, einen Eindruck davon zu geben, welches Gefühl von Vergänglichkeit über dem Vorhaben zu schweben schien und wie sehr die Arbeit an dieser Dokumentation, die mich über drei Jahre hinweg begleitete, zum Kampf gegen das Vergessen wurde.

Außer dem familiären Hintergrund, den ich als Urenkel von Karl Kerz (1876-1951) habe, erklärt sich meine persönliche Bindung zur Dümpelsmühle auch durch die unzähligen Stunden, die ich seit vielen Jahren dort regelmäßig verbracht habe. Davon jedoch abgesehen, war die Arbeit an dieser Dokumentation allerdings etwas, das über mein eigenes, familiengeschichtliches Interesse hinausgeht. Der Abschluss dieses Buches ist für mich gleichzeitig auch die Erfüllung eines Versprechens, das ich dem im August 2019 verstorbenen letzten Familieneigentümer, Herrn Dr. Elfen, gegeben habe.

In der Hoffnung, dass die Überschrift des Artikels im *Main-Echo* aus dem Jahr 1962, *„Von der Dümpelsmühle bleibt nur der Name“*, Unrecht behalten möge, wäre es mein Wunsch, mit dieser Chronik einen kleinen Beitrag dazu geleistet zu haben, der alten Mühle im Gailbachtal ein bleibendes Denkmal zu setzen - unabhängig davon, was die Zukunft für sie bereithalten wird.

Florian J. Kerz
im Herbst 2020

Danksagung

Mein Dank gilt sämtlichen Förderern und Unterstützern, die alle auf ihre Art zum Gelingen der Dokumentation beigetragen haben.

Insbesondere:

Herrn Dr. Robert Elfen (†), der nicht nur Initiator, sondern auch Wegbereiter dieser Chronik war, das Familienarchiv zugänglich gemacht hat und mich als einer der letzten Zeitzeugen der Vorkriegszeit an seinen Erinnerungen teilhaben ließ.

Herrn Dr. Kurt Hofmann, der als Enkel von Peter Kerz von früher Jugend am Wiederaufbau des Gastronomie- und Hotelbetriebs mitgearbeitet und seine Kindheits- und Jugenderinnerungen mit mir geteilt hat.

Weiterhin:
Herrn Michael Alfen, Herrn Rechtsanwalt Dr. h. c. Hendrik Foth, Herrn Rudolf Fuller, Frau Ingrid Heilmann, Herrn Peter Kerz, Herrn Thomas Kerz, Herrn Bodo Leiblein, Herrn Wolf Malo, Frau Anette Orth, Frau Getrud Orth, Herrn Karl Heinz Pradel, Frau Maria Spinnler (†), Herrn Otto Syndikus, dem Diözesanarchiv Würzburg, dem Heimat- und Geschichtsverein A'burg-Schweinheim e. V., dem Staatsarchiv Würzburg und dem Stadt- und Stiftsarchiv Aschaffenburg.

Quellen

Archive

Bayerisches Hauptstaatsarchiv München, Abteilung Kriegsarchiv, Militärstammrolle für Karl Kerz, lfd. Nr. 265

Diözesanarchiv Würzburg, Taufmartrikel Schweinheim, (Unsere liebe Frau/ St. Alban)

Hesssisches Staatsarchiv Marburg, Testament des Bischofs Siegfried von Chur, Urk. 69, 135

Landesamt für Digitalisierung, Breitband und Vermessung, München

Landesarchiv Speyer, Gemeindearchiv Bodenheim, No. 21/3, Die Widersetzlichkeit des Aaron Mayer zu Bodenheim gegen den Chausseegelderheber Matthäus Reinhart daselbst bei Ausübung seiner Funktion.

Stadt- und Stiftsarchiv Aschaffenburg,
Sterberegister Schweinheim, Akten der ehemals eigenständigen Gemeinde Schweinheim

Staatsarchiv Würzburg, Notariat I Aschaffenburg,
Gesch.Reg.Nr. 636/1905

Zeitungen, Zeitschriften und Periodika

Allgemeiner Anzeiger für das Königreich Bayern, 1834

Allgemeiner Anzeiger für das Königreich Bayern, 1838

Alliierte Hohe Kommission (Hrsg.), Amtsblatt des Kontrollrates, 1947

Aschaffenburger Zeitung, Ausgabe vom 19. Februar 1835

Aschaffenburger Zeitung, Ausgabe vom 12.09.1838

Aschaffenburger Zeitung, Ausgabe vom 09.06.1874

Aschaffenburger Zeitung, Ausgabe vom 10.06.1874

Aschaffenburger Zeitung, Ausgabe vom 28.04.1876

Aschaffenburger Zeitung, Ausgabe vom 24.07.1879

Aschaffenburger Zeitung, Ausgabe vom 31.03.1939

Beobachter am Main, Ausgabe vom 27.12.1916

Beobachter am Main, Ausgabe vom 12.05.1935

Erheiterungen, Belletristisches Beiblatt zur Aschaffenburger Zeitung, 1865

Geognostische Jahreshefte, Band 4/5, Kgl. Bayer. Oberbergamt, München, 1892

Hotel- und Städte- Adreßbuch für Deutschland, Verlag Poppe & Neumann, 1952

Intelligenzblatt von Unterfranken und A'burg, 1839

Main-Echo, Aschaffenburg, Ausgabe vom 19.05.2015

Organ für die Interessen der Technik, des Handels, der Landwirtschaft und der Armenpflege, Würzburg, 1853

Pressglas Korrespondenz, Ausgabe 3/2011

Rast auf Reisen, Reise- und Verkehrsverlag GmbH, Berlin - Stuttgart - Gütersloh, 1976

Reichs-Firmen-Fernsprechbuch, Band I, 1933

Reichsgesetzblatt, Band I, 108, Berlin, 1933

Repertorium des topographischen Atlasblattes Aschaffenburg, München, 1861

Sammlung der im Gebiete der inneren Staats-Verwaltung des Königreichs Bayern bestehenden Verordnungen, 13. Band, 2. Teil, München, 1839

Schweinfurter Anzeiger, Ausgabe vom 02.11.1874

Schweinheimer Mitteilungsblatt, Ausgabe vom 04.06.2020

Spessart, Illustrierte Monatsschrift, Aschaffenburg, 2/1907

Spessart, Illustrierte Monatsschrift, Aschaffenburg, 3/1907

Spessart, Monatsschrift, Aschaffenburg, 5/1953

Spessart, Monatsschrift, Aschaffenburg, 6/1953

Spessart, Main Echo-Verlag, Aschaffenburg, Ausgabe Januar/Februar 2012

Ursprung, J. C., Topographisches Lexicon des Königreichs Bayern, Stahel Verlag, Würzburg, 1863

Utrecht, E. Dr. (Hrsg.), Meyers Orts- und Verkehrslexikon des Deutschen Reichs, Fünfte, vollständig neubearbeitete und vermehrte Auflage, Leipzig und Wien, 1912 /13

Vollständiges Ortschaften-Verzeichniß des Königreichs Bayern, Verlag Adolf Ackermann, München, 1877

Wander, Karl Friedrich Wilhelm (Hrsg.), Deutsches Sprichwörter-Lexikon, 3. Band, Verlag F.A. Brockhaus, Leipzig, 1870

Literatur

Amrhein August, Die Prälaten und Canoniker des ehemaligen Collegiatstifts St. Peter und Alexander zu Aschaffenburg, in Archiv des Historischen Vereins für Unterfranken und Aschaffenburg, Band 26, 1882

Appelmann, Bernhard, Schweinheimer Geschichte und Geschichten, Druck Bernhard Wurster, Aschaffenburg, 1989

Beilhack, Max, Durch und um Aschaffenburg, I. Teil, Commissions-Verlag der A. Wailandt'schen Buchhandlung, Aschaffenburg, 1878

Behlen, Stephan, Ergänzungen zum einstmaligen Collegiatstifte zu Aschaffenburg, unveröffentlichtes Manuskript [auszugsweise], 1839

Behlen, Stephan/ Merkel, Joseph Dr., Geschichte und Beschreibung von Aschaffenburg und dem Spessart, Verlag Theodor Pergap, Aschaffenburg, 1843

Chur-Mainzer Mühlenordnung für das Viztumamt Aschaffenburg, 1772, o. Verlagsangabe

Craemer, Paul, Die Jagd im Spessart in Sage und Geschichte, Verlag Eduard Pohl, München, 1892

Dahl, Johann Conrad, Geschichte und Beschreibung der Stadt Aschaffenburg, des vormaligen Klosters Schmerlenbach und des Spessarts mit Beilagen, Darmstadt, 1818

Fischer, Willibad (Hrsg.), 1000 Jahre Stift und Stadt Aschaffenburg, 2 Bände, Paul Pattloch Verlag, Aschaffenburg, 1957

Friederichs, Heinz F., Aschaffenburg im Spiegel der Stiftsmatrikel 1605-1650, Schriftenreihe Band 6, Geschichts- und Kunstverein Aschaffenburg, 1962

Göbel, Michael, Das Aschaffenburger Propsteilehen in Aschaffenburger Geschichtsblätter, Nr. 9, 1935

Göbel, Michael, Schweinheim – Ein Heimatbuch, Kirsch Verlag, 1930

Grimm, Jacob/ Grimm, Wilhelm, Deutsches Wörterbuch, Band II, Verlag S. Hirzel, Leipzig, 1860

Herrlein, Alexander von, Aschaffenburg – Ein Handbuch für die Jugend, Krebs Verlag, Aschaffenburg, 1849

Hopf, D. Georg Wilhelm, Hilfsbuch zu Stilübungen in Mittelschulen, Verlag J. Schmid, Nürnberg, 1871

Jandebeur, Simon J., Die vorhinnigen Frauenklöster bei Aschaffenburg, Wailandt'sche Druckerei, Aschaffenburg, 1858

Ketterer, Hermann, Das Fürstentum Aschaffenburg und sein Übergang an die Krone Bayern, zum Jahrhundert-Gedächtnisse, 1814-1914, Druckerei Werbrun, Aschaffenburg, 1914

Kerz, Peter, Sommerfrische und Luftkurort Dümpelsmühle, Wailandt'sche Druckerei, Aschaffenburg, 1907

Kittel, Josef Dr., Erörterung der historischen Streitfrage über die Lage des adeligen Frauenklosters im Hagen bei Aschaffenburg, in „Archiv des historischen Vereines von Unterfranken und Aschaffenburg“, Vierzehnter Band, erstes Heft, Druckerei Thein, Würzburg, 1856

Kuhnert, Karl Dr., Praktisches Lehrbuch der Mühlenbaukunst, II. Band, Druck und Verlag Gottfried Basse, Quedlinburg und Leipzig, 1841

Krünitz, Johann Georg, Ökonomische Encyklopädie, Band 96, Berlin 1804

Lehrbegriff sämmelicher oeconomischer Cameralwissenschaften des ersten Theils, erster Band“, Mannheim, 1779

May, Jakob, Geschichte des vormaligen Kollegiatstiftes zu den hh. Peter und Alexander in Aschaffenburg mit einer Beschreibung der dortigen Stiftskirche, Druckerei Thein, Würzburg, 1837

Mitglieder der kosmographischen Gesellschaft, Kosmographische Nachrichten und Sammlungen auf das Jahr 1748, Druckerei Johann Joseph Fleischmann, Nürnberg 1750

Pache-Fischer, Wiltrud, Wirtschafts- und Besitzgeschichte des ehemaligen Kollegiatstifts St. Peter und Alexander zu Aschaffenburg bis zum Ausgang des 14. Jahrhunderts, Schriftenreihe Band 35, Geschichts- und Kunstverein Aschaffenburg, 1993

Riepen, C., Der Mühlenzwang, Commission der Schwers'schen Buchhandlung, Kiel, 1850

Schadler, Theo, Der Schweinheimer Friedhof, in Jahresgabe 2010, Heimat- und Geschichtsverein Schweinheim, 2010

Schlegel, Carl Friedrich, Vollständige Mühlenbaukunst, Winter'sche Verlagshandlung, Leipzig und Heidelberg, 1866

Schneider, Erich, Klöster und Stifte in Mainfranken, Würzburg, 1993

Schweinfest, Johann Georg, Das Pfarrdorf Schweinheim, Druckerei Werbrun, 1912

Schweinheimer Bilderbogen, Stadt- und Stiftsarchiv Aschaffenburg, 1989

Stadtmüller, Alois, Aschaffenburg im Zweiten Weltkrieg, Paul Pattloch Verlag, Aschaffenburg, 1970

Stadtmüller, Alois, Aschaffenburg nach dem Zweiten Weltkrieg, Paul Pattloch Verlag, Aschaffenburg, 1973

Sturm, Leonhardt Christoph, Vollständige Mühlen Baukunst, Verlag Jeremias Wolff, 1718

Thiel, Matthias, Urkundenbuch des Stifts St. Peter und Alexander, Geschichts- und Kunstverein Aschaffenburg, 1986

Weigand, Friedrich Ludwig Karl, Deutsches Wörterbuch, Band II, Ricker'sche Buchhandlung, Gießen, 1860

Familienarchiv

In Form von Geburts-, Tauf-, Heirats- und Sterbeurkunden, Testamenten und Nachlassakten, Dienstbotenbüchern, Ahnenpässen, Dokumenten, Bauakten, Tage-, Quittungs- und Rechnungsbüchern, privaten Korrespondenzen, Fotos und noch erhaltenem Inventar der alten Dümpelsmühle.